Prologos

Mon nom est , Georges Diamandis.

Moi j'ai réussi à vivre décemment et pourtant depuis 1963 j'habite toujours modestement à Paris 11ème car trop de souvenirs me retiennent à cet endroit.

La vie courte de mon ami Tony à laquelle j'ai assisté, je tiens à vous faire connaître car vous la trouverez peu ordinaire.

Rassurez-vous, je ne vais pas vous raconter la vie d'un personnage «important» mais celle de Tony surnommé « le Réaliste »

D'ailleurs il m'aurait dit :

--Qu'est-ce qu'une personne importante ?

Celui qui est connu seulement grâce à son activité populaire ou par sa richesse.

N'admire personne, m'avait-il dit, personne ne vaut plus qu'une autre personne.

Je l'admiré surtout pour ses idées, se critiques
et ses opinions justes et réalistes !

Mon ami aussi voulait vivre comme cela se doit. Après avoir soupçonné l'horrible mécanisme social, mal géré selon lui, il a vite comprit que chacun devait se débrouiller comme il le pouvait dans ce monde d'injustice et d'inégalité. Alors, il à cherché un raccourci à tout prix à la réussite, mais la seule chose qu'il réussi à faire ce fut de raccourcir sa vie.

Chapitre I

Sur la place du village, tous me souhaitent   la bienvenue...
Georges le Parisien » c'est   ainsi qu' ils
m'appellent.

Cet été je suis venu au village surtout pour déposer quelques nouvelles fleurs sur la tombe de mon ami Tony, et repasser de   peinture fraîche les lettres délavées :
        « Pavlidis Tony   1940-1970 »

Là devant sa tombe, les souvenirs défilaient
dans ma mémoire comme si c'était hier...

Nous allons laisser à Tony le soin de vous raconter sa
vie, avec un style sympathique, humoristique,philosophique,

politique, critique, et même dramatique...

……………………………………………
……………………………

Fils d'un père pauvre et d'une pauvre mère,
 je suis né pendant la guerre au Nord de   la Grèce, dans
un champ d'un petit village
retiré du monde.

Si je suis né à cette période et en   cet endroit
perdu ce fut la faute de mes parents illettrés et peu   ambitieux qui s'
y étaient installés avec beaucoup
d'autres venant de l'Asie-Mineure dans ces terres
isolées et peu accueillantes comme s' ils voulaient
 se faire oublier, tandis que d'autres l' esprit tourné
vers l' avenir avaient choisi les villes dans l'espoir
de réussir grâce aux progrès   qui les caractérisent...
Le village situé au pied d'une montagne et cerné par une rivière
bordée par d'immortels platanes, n' avait en effet rien à offrir d'
intéressant sauf peut-être à   ceux qui avaient le courage de
nettoyer cette jungle pour la rendre habitable.
J'avais à peine deux ans quand on repoussait
les soldats de Mussolini qui combattaient pour
 le compte de Hitler sur les hautes montagnes
d'Albanie, là où la neige demeure jusqu' à la fin
du printemps...
C'était une guerre lancée par les Allemands mais
je n'en avais vu aucun. Notre petit village n' était sans doute pas
indiqué sur leurs cartes et les Allemands malgré leur formidable
organisation
devaient manquer d'éclaireurs.

Nous avons cru alors que nous serions épargnés par la guerre, mais dès la fin de celle-ci, un véritable massacre fratricide entre les royalistes et les communistes commença dans le pays...

Une révolution sanglante, sans merci,brûlant les maisons et obligeant les familles à partir

précipitamment pour les villes afin d'y trouver la protection de l'armée...

Nous étions parqués dans de grandes salles, les

uns sur les autres, sans lumière, sans eau, ni

toilette... Au bout de quelques jours, les poux firent leur apparition et la préoccupation des femmes était de s'en débarrasser..

Il est reconnu que dans ces années de révolte et

de misère, une forte recrudescence de natalité a été observée. Ce fut peut-être la peur d'une vie incertaine qui donnait aux couples l'envie de souvent faire l' amour, un peu comme les dernières volontés d' un condamné à mort.

En ce temps-là, où la mère perdait son enfant

et le chien son maître, maintes femmes donnaient aussi le jour à des enfants qui ne ressemblait pas

à leur mari. En ce qui me concerne, tout le monde dit que l'ai les yeux marron de mon père.

Quatre ans passèrent ainsi misérablement...
Il a fallu que l'on apprenne la visite proche du
 roi pour qu' il y eût aussitôt une amélioration
 du local ainsi que de la soupe populaire..
Au cours de la visite du souverain, un
homme viril au visage marqué dont l' épaisse
moustache lui donnait un aspect sévère sortit
 de la foule furieux et se précipitait dans sa
 direction... Mais au même moment, deux
« gorilles » lui tombèrent dessus et l' immob-

ilisèrent pendant qu' il criait en se débattant
la tête haute...
--Où étais-tu caché pendant tout ce temps ? Que   viens-tu
faire ici maintenant roi   de pacotille ? Rentre chez toi,
tu n' as même   pas de
sang Grec. Tu es...
Il ne put finir sa phrase, une main se plaqua sur
sa bouche pour l'empêcher de continuer, mais
le roi fit signe de le laisser. (diplomatie oblige,
les retombées seraient sans doute pour une date ultérieure)

Quelques jours plus tard, peu à peu, nous commen-
çâmes à regagner nos villages...
Beaucoup   de   personnes profitant   de la situation   sont   restés
en   ville   pour échapper à la dure vie de paysan, tandis que mes
parents ne voulaient
à aucun prix perdre leurs champs.
L' aspect désolé que présentait le village,
témoignait des conséquences de la violence
 et du mauvais esprit de l'homme : Tout ceux qui ont refusé de
suivre les partisans sont pendus aux platanes pour servir d'
exemple, ou fusillés sur place...
Des cadavres partout...difficiles à identifier.. des
mères avec leur enfant dans les bras...des couples enlacés... des
corps déchiquetés...
 J' essayais de regarder ailleurs mais il y avait
des morts partout..
 Cette scène était traumatisante pour mon jeune âge et je la
reverrai longtemps dans mes cauchemars...
Tout le monde se mit au travail...
 Les   quelques maisons robustes qui avaient
 résisté à cette épreuve sont remises à la hâte
 en état ainsi que l'église pour que l'on puisse

y prier je ne sais qui.

Le village reprit vie ! Les champs ont retrou-
vaient les soins attentifs de leurs propriétaire,
à l'école résonnait à nouveau des cris d'enfants.!
De temps en temps, on entendait une explosion
 quelque part, et peu après, on apprenait la
mort de quelqu'un probablement imprudent.
Nombreux étaient aussi ceux qui en profitaient
de ce désordre pour évincer un mauvais voisin,
ou un trop... séduisant, ou encore celui à qui
avait des dettes, avant que le système judiciaire
ne soit de nouveau opérationnel.
Au village il n' y a pas l' électricité et les nuits
sont sombres comme l'enfer ! Nous marchons à
tâtons avec nos lampes à pétrole à la main semb-
lables à d'énormes lucioles donnant aux ombres
gigantesques de formes inquiétantes...
Un téléphone à manivelle dans la commune
reste le seul contact avec la ville la plus proche.
Occupé constamment, il n' arrivait pas à
 transmettre toutes les nouvelles.
Le forgeron du village, un homme costaud et velu
avait eu l'idée de récupérer et de remettre en état
un camion à moitié brûlé pour faire du transport.
 On le nommait « le corbillard » à cause de sa couleur noire, mais
grâce à cela a pu acheter plus
tard un tracteur, et depuis on l'appel « le riche du
village »

Il n' avait pas perdu de temps non plus pour
 planter des peupliers prévoyant une forte
demande de bois dans le futur...

– Papa, pourquoi sommes-nous aussi pauvres? demandais-je à
mon père
--Parce que nous n' avons pas encore des machines et
des outils pour bien cultiver la terre, répondit-il
--Nous n' avons même pas une maison correcte
--A cause de la guerre. Nous n'avons pas encore pu nous
relever de cette épreuve, vois-tu ?
Tu es né malheureusement dans une mauvaise période
1940
--D'où vient-il ce chiffre, papa ?
--Parce que 1940 années sont passées depuis la naissance
de Jésus Christ.
– Qui est-ce Jésus Christ, et pourquoi fait-il référence au
zéro ?
--Jésus était le fils de Dieu, paraît-il
--C'est qui, ou quoi un dieu ?
--Dieu c' est un...c'est une… force divine qui a créé tout ce
que l' on voit autour de nous, disent certains.
--Force divine ? Je ne comprends pas. Qui a dit ça ?

--Les apôtres. Ils étaient des disciples de Jésus et après sa
mort, ils continuèrent à diffuser partout que Jésus Christ
était bien le fils de Dieu et qu' il faisait même des miracles !
--Et les gens les croyaient ?
--Oui malheureusement. C' est cela le drame !
Toute cette comédie de croyance c'est à cause d'eux. Ils étaient
sans doute de beaux parleurs et très convaincants pour les
peuples illettrés et incultes de leur époque à qui était
facile de faire croire des choses irréelles.
Cette croyance a prit une tel ampleur et est
devenue tellement forte et populaire que certains élites
malins de l' époque ont profité pour faire de la religion
un parti politique afin de s' emparer du pouvoir et gouverner
avec des lois et des règles à leur guise.
--Dis donc ! Et qu' est-ce qui différencie les religions
puisque tous croient qu' il existe un seul Dieu ?

--Des bêtises… Sur les essentiels, tous sont d' accord de ne pas tuer, ne pas voler, ne pas mentir, ne pas convoiter, ne pas commettre d'adultère, honorer ses parents, ne pas porter de faux témoignage, etc... tout comme l'indiquent également les lois humaines..

— Combien existe t-il de religions dans le monde ?
 --Oh là là... Il y en a beaucoup et je ne les connais pas toutes. Il y a le christianisme, l'islamisme,l' hindouisme, le bouddhisme, le judaïsme et d'autres avec différentes manières rituelles pour vénérer Dieu et c'est ainsi qu'au fil du temps, les rites, les coutumes, les traditions et autres élucubrations sont immisc- ées au cœur des religions.
--Ils ne reconnaissent pas tous Jésus comme
fils de Dieu ?
        --Non, ils ont leur propre prophète.
--Le paradoxe papa, c'est que les Romains qui ont tué Jésus, ont fait du Vatican le symbole du christianisme.
--Tout est paradoxal dans les religions.J'accuse la religion qui a divisé les hommes, de les avoir dressés les uns contre les autres. J'accuse la religion et les mégalomanes qui ont obligé les gens à construire des temples et des monume- nts gigantesques dédiés à un Dieu imaginaire. Qui veut faire croire aux gens à une seconde vie après la mort.
--Papa, pourquoi tant des milliards de personnes croient-ils encore qu' il existe un Dieu ?

— En réalité, je pense que ceux qui croient vraiment en Dieu sont en nombre limité à quelques millions, pour ne pas dire à quelques milliers de personnes.
Une grosse majorité sont des gens sans réelle opinion. Les autres croient en Dieu comme un secours, ou de façon hypocrite comme moi, mais un jour viendra, j'espère, où personne ne croira plus en Dieu.
--Ce n'est pas demain la veille.

– Non hélas. Mais il faut qu' un jour cesse cette comédie. Ne serait-il pas plus serein que d'honorer tous pour Dieu Mère-Nature ? Ainsi nous serions tous frères dans cette universalité

--Tu dis papa que tu ne crois pas en Dieu mais je t'ai vu aller à la messe dimanche… Alors, au fond, tu y crois ou pas ?

--Quand on me pose cette question, je réponds oui, parce que cela ne me coûte pas plus cher que de dire non.

--Ben… même si tu réponds non, ça ne te coûtera pas plus cher non plus que si tu dis oui.

--Ha, ha... je réponds oui pour être bien vu du « qu'en dirait-on ». Dans notre pays il faut être entretien, c'est notre communauté, sinon tu es rejeté, comprends-tu ?

--C'est terrible de ne pas pouvoir s' exprimer librement !

--Oui, c' est terrible. Mais parfois, pour ton intérêt, il faut faire semblant de croire comme le font, je pense, dans toutes les croyances du monde.

--Moi je vais être athée, comme toi papa.

--Il y a des livres religieux dans la bibliothèque de la commune, la bible et des copies d' évangiles. Il faut les lire pour voir les énormités qu'ils racontent: la création par Dieu de l'univers et des étoiles, des animaux dont deux êtres humains : Adam et Eve, donc deux groupes sanguins, alors que l' on sait aujourd'hui qu' il existe plusieurs groupes de sang. Et sans parler de leurs fils Caïn et Abel, avec qui ont-ils procréé ? Avec leur sœur ou avec leur mère ?

--En effet. C'est pour cela que Caïn a tué Abel, parce qu' il avait vu son frère faire l'amour
avec sa sœur ou avec sa mère...

--Toi tu devrais être un curé, tu as réponse à tout !

--Ha , ha...

--Et puis, il y a aussi Noé et son arche.
Comment a t-il pu réunir un couple de chaque espèce animale ?

Tout comme Moïse qui a ouvert la mer rouge avec son bâton, et ensuite a reçu les dix commandements par Dieu, et depuis tout ce temps-là, personne n' a vu ni entendu Dieu.

  S'il existe, pourquoi ne se manifeste t-il plus?

--Tout ce que tu dis papa c' est écrit dans la bible ?

--C' est cela le pire ! Toutes   ces énormités   et beaucoup d'autres...

--A l'école, dans la mythologie, on parle de   douze dieux d' Olympe, des douze travaux

d' Hercule, de Thésée et du minotaure, d'Ulysse

et du cyclope… Et bien papa, la mythologie grecque me parait plus plausible que la mythologie biblique.

--Déjà, on ne devrait pas étudier la mythologie dans les écoles, c'est du temps perdu. Ce sont des contes pour enfants

--Tu as raison papa.

– Ne crois pas toujours tout ce que tu lis et entends. Ils racontent que les dinosaures ont disparu à cause d'une météorite qui est tombée sur terre. Une météorite aussi grande soit-elle, n'est pas une bombe nucléaire qui pourrait couvrir toute la surface de la Terre de radioactivité, mais je pense plutôt qu' ils

 se sont éteints du fait de leur grande taille qui les empêchait de se reproduire suffisa-

mment, voilà tout

--Oui, je les vois mal aussi se... reproduire.

--On dit aussi que les premiers hommes ont quitté l'Afrique, terre d'origine, pour évoluer à travers le monde. Si c' était le cas, toute la descendance humaine   serait noire.

  Même Christophe Colomb plus récemment a découvert en Amérique des autochtones : des Mayas, des Incas, des Aztèques, des Indiens, et autres tribus qui n'étaient pas noirs.

Je pense que les humains, ainsi que tous les   animaux ont émergé à travers le monde avec la morphologie adaptée à leur environnement et au climat.

--Tu as raison papa.

--Ils disent également que la Terre tourne.

--Oui papa, elle tourne. Je l'ai appris à l'école.
--Moi j' ai des doutes mon fils, parce qu' un oiseau qui
s'élève et reste une heure sur place pendant que la Terre se
déplace de 1600 km, peut-il atterrir au même endroit ?
--Là, tu me fais douter aussi papa.
--Il paraît aussi que le continent d'Afrique était uni avec celui
de l'Amérique du Sud, et qu'au fil du temps se sont séparés. Un
continent est une masse compacte et non pas un radeau
à la   dérive, comment peut-il se séparer ?
--Qui a dit ça ?

--Ce sont les scientifiques,   diplômés en plus !
A mon avis, ceux-là ne méritaient pas leur diplôme.Ainsi
que pour les plaques tectoniques qui ont formé les montagnes,
disent-ils. Moi je pense que la formation des montagnes est
dû aux « cloques » de la lave refroidie pendant la formation de
la Terre, voilà tout.
--Je le crois aussi.
--Dans cette immensité on ne saura jamais tout. On ne fait que
des suppositions.
--Comment la vie apparut-elle sur une terre brûlée ? C'est
inimaginable !
--C'est une question difficile...
--Si elle était facile,   ça ne serait pas une question.
--C' est juste. A cette question nous n' avons toujours pas de
réponse . C'est la raison pour laquelle on a inventé un Dieu.
Mais un Dieu a aussi été inventé pour une autre raison.
--Quelle est cette autre raison papa ?
--Je pense que les dieux ont étés inventés par les sages de l'
époque antique pour retenir l'homme dans ses élans fréquents
de violence, en évoquant leur colère et leur punition
 divine. Mais aujourd'hui dieu ne fait plus
peur à personne, alors la justice humaine se substitue à lui
avec son institution policière,
les amandes, la prison…

Mais moi je n'ai pas besoin d'un Dieu pour être loyal avec ma
conscience autant que les croyants envers leur foi.
– Toi papa tu ne crois même pas à la force divine ?
--Moi mon fils, je crois à la force de la nature. Avec les
éléments favorables pour faire apparaître la vie ! La terre,
l'eau, l' oxygène, la température idéale, et autres… L'eau est
la
génératrice principale de la vie, c' est notre mère à tous.
C'est pour cela qu'on l' appelle :
la mer.
--Ah, elle est bonne celle-là !
--Selon moi, toutes les espèces sont apparues dans le même
millénaire, pour ne pas dire dans le même siècle, sans
connaître le nombre de chaque espèce. Et je pense aussi
que les animaux dont l'être humain fait partie, ont poussé un
peu comme la végétation.
--Et pourquoi ne naît-il plus d »animaux issus de la terre ?
--Parce qu' un fruit s' enracine sur place, alors que les fruits-
animaux qui avaient des pieds ou des ailes, ont évolué pour se
reproduire différemment...
--Oui...on peut aussi imaginer l'apparition de la vie comme cela.

--Quelle formidable formation que celle de la vie !! Avec un
cœur qui bat pour envoyer du sang dans l'organisme ! Avec un
cerveau qui réfléchit des yeux qui voient ! des oreilles qui
entendent ! des intestins qui nourrissent le corps avec des
vitamines et des calories ! des organes reproducteurs avec les
gamètes !
 L'organisme capable de produire du lait pour nourrir sa
progéniture ! Des animaux qui fabriquent du venin !
L'araignée qui fabrique
 du fil destiné à élaborer sa toile afin de capturer sa
proie , capable de tirer le premier
fil horizontalement dans le vide !
--Elle n'est pas bête la petite bête...
--Quel organisme résistant que celui de vautour de la hyène, de
l'insecte, capable de manger des cadavres décomposés, qui ne

connaît pas la date limite de consommation ! Ou l' estomac d'
un gypaète pouvant avaler de gros morceaux d' os coupant pour
se nourrir ! Le caméléon et sa langue démesurée avec la
capacité de changer de couleurs à volonté pour se
camoufler. ou bien certains insectes qui pondent leurs œufs
dans le corps d' un autre animal afin que leurs bébés puissent
se nourrir en le dévorant de l'intérieur !
La métamorphose du papillon !

Mais aussi des fleurs avec des couleurs des et parfums
magnifiques pour attirer des insectes afin de se faire
polliniser, et quelques espèces
carnivores pour se nourrir !   Et des milliers d'autres
merveilles.. !
--Oui, c'est merveilleux ! Papa, je trouve que tu es drôlement
cultivé pour quelqu'un de presque illettré !
-L'illettrisme mon grand, n'a rien à voir avec la culture ou le
savoir, ou la pensée, la gestion, le
comportement, le civisme, l'humanisme, le savoir-vivre et
autres.. L'école sert à apprendre à lire, à écrire, et à calculer,
c'est tout. Il faut être sage dans la vie et analyser les
questions
 en essayant de donner une définition juste aux choses, mais ce
n'est pas toujours évident de donner une explication.
--Que veux-tu savoir papa ?
 -- Ha, ha...On vit sur une drôle de planète qui est la Terre ! Je
me pose la question : comment cette masse d'eau peut-elle tenir
sur la surface d'une Terre sphérique ? Et pourquoi n'y a t-il pas
au fond des mers et des océans du sel accumulé ?   Et
pourquoi deux nuages en collision créent des éclairs. Puis
cette question qui peut nous rendre fous : jusqu'où il y a des
galaxies ? Et qu' est -ce qu' il y a après ces galaxies ?

--Après ces galaxies, il y a le vide et le noir absolu.
--Et jusqu'où il y a du noir absolu ?
--C'est sans fin, c'est comme le temps, ou les nombres...
--Oui mon grand, c'est comme le temps !

--C'est merveilleux ! Il y a de quoi inventer un Dieu !
--Et pourtant, tu vois, dans ces merveilles, il y
 a des choses qui interpellent, comme le fait
qu' un animal en mange un autre, et de quel droit ?
 Le plus grand mange le plus petit, le plus fort mange le plus
faible.
Trouves-tu cela normal toi fiston ?
--Bien sûr que non, papa. C' est pour ça sans doute que les
petits animaux font plus de bébés que les grands, pour assurer
la survie de leur espèce.
--Et oui...Malheureusement une espèce animale est destinée à
en nourrir une autre, c' est la chaîne alimentaire.
Moi j'aurais préféré que tous les animaux soient herbivores et
végétariens sans craindre de se faire attaquer et dévorer par
un autre. Chaque vie est précieuse :   la vie de la fourmi vaut
celle de l'éléphant. Comment un bon Dieu peut-il accepter
une telle fatalité cruelle ?

--Mais quel est le sens de la vie papa, puisqu'il y a la mort ?
--Oui...Ça ne sert à rien d'être venu sur la Terre pour   y
mourir. La vie, mon fils, est une merveilleuse connerie
qui n'a pas de sens. En fait,   nous ne sommes rien d' autre
que des machines à merde, tout simplement. On dit que la mort
fait partie de la vie, mais moi j'aurais dit que : la vie fait partie
de la mort, car la vie ce n' est qu' un rêve qui dure un
certain temps, voilà tout. La Terre aurait été un paradis pour
quelques couples immortels et stériles !
--Mais ce n'est pas possible papa d' être immo-rtel. Si un être se
fait écraser comme une crêpe, comment veux-tu qu'il continu à
vivre ?
-Peut-être s'il était fait de gélatine renouvelable
Non mon petit, je plaisante. Tout être vivant
s' est désagrège par des microbes et des bactéries qui
sont par milliards en nous. L'être humain a pu faire des
choses merveilleuses mais il n 'arrivera jamais à vaincre la
mort, et c'est bien dommage.
--Oui, c'est dommage.

– On aurait pu, peut-être, prolonger la vie en renouvelant périodiquement le vieux sang par
du sang plus jeune, car je pense que le sang vieilli contribue au vieillissement.
--C'est fort possible.

--Moi j'aurais voulu vivre, au moins, dans un monde comme un seul pays ! sans frontière ! Fait d'hommes parlant tous la même langue ! Sans religion ! Sans maladie ! Sans argent !
 Se partageant la nourriture et les biens
comme une grande famille !
--Ah oui, comme cela, ça serait un paradis ! Papa, donne-moi un bon conseil !
-Un conseil? Eh bien...a partir de l'adolescence c' est ton zizi qui voudra te commander. La plupart des problèmes de notre vie sont causé par le sexe. Alors, ne te laisse pas dominer par ton sexe, d'accord mon fils ?
--D'accord papa.
--Bon, ça-va pour aujourd'hui. Allez, mainte- nant va me chercher un verre d'eau et mes
cigarettes et moi je vais aller bêcher le jardin.
Cinq minutes après, en descendant l' escalier avec un verre d'eau à la main, j' entendis une explosion !
J' ai couru et trouvé mon père mortellement blessé par un explosif, pourtant c'est lui même qui disait tous les jours de ne pas toucher à un engin trouvé.
Ma mère est arrivée affolée et m' a prise dans ses bras pour pleurer en criant…

Après la mort de mon père, la vie est devenue encore plus dure...
Ma mère m'obligea alors à abandonner l' école malgré mon désir de continuer, car elle faisait toute   la besogne toute seule et lui serait d'une grande aide.
Le lendemain même, le maître d'école vint à la maison pour la convaincre de me laisser pour- suivre les études, sans résultat.

--C'est pas l'histoire et la géo… comme vous le dites, qui vont faire pousser mon blé et le maïs, dit-elle. Je suis seule et j'ai besoin de mon fils.
A quoi servent les enfants si c'est pas pour aider les parents, hein ?
--Mais Tony n'a que douze ans, il est trop jeune pour cultiver la terre, protesta le maître.
--Quand on les nourrit pendant douze ans, c'est normal qu'ils nous aident.
--En ville, les enfants étudient souvent jusqu'à l'âge de leur mariage...
--Et pourquoi les gens de villes font des enfants puisque y a pas de champs, hein ? Ils ne saurai- ent même pas comment les occuper si y avait pas les écoles pour les parquer.Non maître, pas la peine insister, dit-elle avec son peu d'allocu- tion.

--C'est comme vous voulez madame. C'est vous qui décidez, répondit-il désarmé.
Ma mère baissa la tête touché par le« madame »
c'était la première fois qu'elle se sentait considérée et cela la troublait.
Avec les outils rudimentaires, la vie d'agriculteur n'était pas facile. Je l'ai compris cet été là.
 J' étais trempé de sueur lorsqu'il fallait biner chaque pouce d'un champ...
--Ce n'est pas normal de travailler ainsi, il doit exister des machines pour faire cela.
--Des machines ! Tu rêves ?
--Il fait chaud, pourquoi ne binons-nous pas pendant la fraîcheur ?
--Il f   aut le soleil pour faire sécher l' herbe que l'on coupe.
Je ne me souviens pas avoir vu ma mère dormir.
Ah si ! une fois, quand la faim m' avait réveillé au milieu de la nuit et que j' étais allé manger une citrouille encore tiède, elle s'était endormie près de la cheminée...Après avoir mangé, j'en ai cassé un morceau et l'ai porté à ma mère..

--Tiens, mange aussi un peu maman, dis-je m'approchant
d'elle... A ce moment-là ma mère laissa échapper un petit vent..
---Ne le souffle pas, il est à peine tiède, dis-je avant de
comprendre que l'endroit pris pour sa tête était ses fesses.

Elle n'arrête jamais ma mère, elle veut avoir un peu de tout : du
tabac, du maïs, du coton, et même quelques animaux...
Le cochon est réservé pour Noël ! Alors là, nous mangeons
autant que nous pouvons pendant une semaine car nous
n'avons pas de réfrigéra- teur, tandis que la graisse nous sert
pour la cuisine de l'année.
Nous vivons à l' étage et l' odeur qui se dégage des bêtes
enfermées en dessous est insupport- able. Heureusement, le
cochon lui, est parqué dehors et près de lui un vieux puits
transformé en toilette.
Avec les monnaies que je trouve à l'église, j'achetais une
encyclopédie et le curé trouvait alors ses fidèles bien avares..
La lecture m' est devenue nécessaire, grâce à elle j'apprends
beaucoup de choses !

Il était cinq heures du matin lorsque ma mère me réveilla pour
aller ramasser les feuilles de tabac...
--L'avenir appartient à ceux qui se lèvent tôt, me dit elle. Tiens
tu sais, le voisin Alekos a trouvé tôt hier matin en allant au
champ, un portefeuille plein de billets, tu vois ?
--Mais celui qui l'a perdu il s'était levé encore plus tôt, tu vois ?

Toute la matinée je ramassais les feuilles de tabac dans des
paniers que nous devons ensuite enfiler une à une sur de
longues aiguilles afin dee les faire sécher au soleil...
Midi était passé de retour à la maison...
--Qu'est-ce qu'on mange ? demandais-je à ma mère
--Va voir s'il y a des œufs.
Voilà sa réponse habituelle à cette question.
Les œufs constituaient ma nourriture princi – pale. J'en étais
dégoûté autant que peut l' être
un singe de cacahuètes dans un zoo.

Elle m' a giflé parce que je mangeais plus vite qu'elle dans la
poêle, puis s' est mise à pleurer
Quel misère...
Souvent ma mère me cherche. Je pars pour aller lire dans un
endroit tranquille choisi en pleine nature !
Pendant que je lisais, j' aperçus deux tortues l'une sur l'autre…
Je pris un morceau de bois pour les séparer mais elles ne
bougeaient pas.
Il me vint alors en mémoire   la mésaventure
du mari trompé qui arriva au moment crucial
et commença à taper et à tirer son rival, pendant que celui-ci criait :
--Tape, mais ne me tire pas.

-

-Je te cherche partout pour te donner le livre que tu m'avais
demandé, me cria au loin mon ami Georges. Que fais-tu avec
les tortues ?
ajouta t-il en s'approchant.
--Je les embêtes.
--Moi je ne sais pas comment les tortues se retrouvent pour
s'accoupler alors qu'elles sont solitaires.
--Je pense que lorsqu'elles ont envie de s' acc- oupler elles
marchent sur les feuilles sèches pour se faire entendre.
--Alors, il ne faut pas qu' elles se fassent des idées au
printemps, dit Georges pour rire
– Dans la nature tout est si bien réglé que l' homme ne
pourra en   découvrir tous   les
secrets. On dit que l'être humain est supérieur aux autres
animaux mais qu'aurait fait l'homme de plus qu' un animal
sans ses mains et son langage ?
--Et le volume du cerveau n' a rien à voir avec l'intelligence.
Le renard est plus malin qu' un éléphant, ou une sardine qu'une
baleine...
--Et puis, les animaux ne font pas de conneries tandis que
l'homme lui n'en est pas à sa première. Regarde les pyramides
en Égypte.

--Une autre grosse connerie ce sont les mégali- thes de
Stonehenge.
--Eh bien, une autre connerie, ce sont les moaïs
dans l'île de Pâques.
--Et d'autres conneries inutiles sont les temples et monuments
dans l'Asie du Sud et l'Amérique centrale.
--Allez viens, on va faire des cigares avec les moustaches de
maïs...

Ce dimanche avait lieu le mariage du beau Dimitri vingt
ans, avec la Katherina qui avait dépassé les trente ans et pas
très belle, mais fille d' un fermier possédant quinze vaches et
plusieurs hectares de champs.
Tous les gens du village étaient là sans que l'invitation soit
nécessaire . Nous étions là aussi les jeunes pour voir les
adultes danser et les imitions de notre mieux...
Plusieurs tables étaient dressées dans la cour avec des assiettes
généreusement garnies pour l'heureux événement, tandis que
les caisses de retsina, ouzo, et vin rouge étaient empilés sous
un arbre pour garder la fraîcheur.
Les enfants lorgnaient les longs plats de
gâteaux les meilleurs : loukoums, kadaïfs, baklavas...avec
des yeux qui en disaient long...
Le seul jour où l' on s' amuse un peu, c' est pendant un
mariage, avec toujours le même orchestre : une clarinette qui
hurle au milieu
 de la cour, accompagnée de la grosse caisse qui donne le
tempo en tapant fort conne
pour une parade…

Minuit passé, les familles se sont retirées à l'intérieur avec
les lampes en nous laissant dans le noir.
--Il est tard Tony, me dit Georges. Si on allait se coucher..
--Je n'ai pas sommeil Georges, mais tu peux t'en aller toi.
--Que veux-tu voir de plus Il n'y a plus personne
--Je veux rester encore, c'est tout.
--Bon ben… Salut alors.

Lorsqu'il est parti, j'ai regardé autour de moi... J' étais seul. !
J' ai ouvert deux serviettes et commencé à vider le contenu
des assiettes inachevées dedans tout en m'empiffrant…
Soudain, Georges refait son apparition !
--Non Tony, un peu d'orgueil voyons...   Tu as attendu toute la
nuit pour ramasser les restes ! Tu as faim tant que ça ?
--Oui, tant que ça . Mais un rassasié ne peut comprendre la
faim. Ta mère elle cuisine elle, tandis que moi je n'ai encore
rien mangé de ce qui est cuisiné.
--Allez viens. Je m' arrangerai avec ma mère pour qu' elle
cuisine un peu plus de temps en temps, dit-il me prenant par
l'épaule…
Ainsi triste, je n'ai pas pu refuser.

Trois années passèrent toujours dans la même misère et sans
espoir d' améliorer la vie… Des jours entiers à rester à jeun .
C' est seulement pendant la saison des fruits, en volant, que
je parviens à remplir mon ventre. Je ne voulais pas vivre
ainsi. Je trouve qu' une telle vie est anormale, injuste. J'
apprends par les livre   l' existence du lave-linge, lave-
vaisselle, de la télévision, du   réfrigérateur, et mille autres
machines qui fonctionnent en appuyant simple- ment sur des
boutons. Tout cela n'existe qu' en ville, là où il y a de
l'argent ! Voilà pourquoi il y a toujours plus de monde en
ville…
--Je m'en vais d'ici, je veux vivre en ville, dis-je à ma mère
--Tu n' iras nulle part. Tu es né ici et tu dois y vivre.
--Rester ici pour vivre comme toi ! Non merci. Tu n'as aucun
jour de repos. Tu crois qu'un être humain est fait pour travailler
ainsi ? En ville ils travaillent pour mieux vivre alors que toi tu
vis pour travailler.   Qu' a tu besoin d' autant d'animaux
à la maison alors qu' on n' arrive même pas à les nourrir ni
à s'en occuper. Le dos de la vache touche au plafond par
l'épaisseur du fumier accumulé. Tu la nourris toute l' année
juste pour un peu de lait, il faut la vendre et garder
seulement la chèvre.

Et puis, on aurait pu acheter trois cochons si tu vendais le blé
et le maïs que mange notre cochon dans l'année, où est
donc ton intérêt ?
--Tes livres te montent à la tête, je vais les brûler.
-Je veux juste que le travail fait soit récompensé c'est tout.
--Tu es un fainéant.
--Si tu savais au moins lire, tu aurais pu aussi apprendre des
choses, mais tu ne sais même pas écrire ton nom. Tu n 'es
jamais sortie de ton village pour voir comment les gens
mangent en ville, comment ils s'habillent et se promènent..
--Toi non plus tu n'es pas allé en ville, comment tu peux
savoir ? C'est bien dans tes livres qu'ils racontent toutes ces
histoires.
--C' est la vérité. Écoute maman, nous allons vendre tout
cela, et   partir en ville, d' accord ?
--Tu es fou ? Jamais de la vie ! Comment tu peux dire une chose
pareille !
--Tu peux me dire ce que tu as gagné toutes ces années où tu
travailles comme une folle ? Rien. C'est comme si tu piochais
sur un rocher .
--Il ne faut pas avoir peur du travail.
--Il faut calculer ce que tu fais pour voir si cela en vaut bien la
peine. Mets-toi ça bien dans ta petite tête : on travaille pour
mieux vivre, on ne vit pas pour travailler. Tu vas   crever un
jour dans un champ, tu comprends ça ?
Elle a baissé la tête comme un enfant que l'on surprend à
dérober de la confiture.
--J' aime bien avoir un peu de tout dans la maison, comme
ça je me sens riche, dit-elle en essuyant son nez dans son
tablier..
Je lui soulevais la tête par le menton et vis ses yeux
larmoyants.
--Tu ne pourras pas les voir pendant longtemps tu vas mourir de
fatigue et de malnutrition. Tu as à peine quarante ans et tu en
parais soixante avec ces vieux chiffons foncés avec lesquels tu

t'habilles, et ce foulard toujours sur la tête, on dirait que tu es née avec.
Elle est prise entre l'envie de rire et de pleurer
à la fois…

Le livre à la main, je retrouvais ma place habituelle...
L' endroit était précis avec les herbes écrasées qui dessinaient mon corps.
Allongé sur le ventre, j' ai ouvert à la page 142 ; La découverte de l'assassin ne doit pas être bien loin...
J' étais tellement pris par la lecture que je n' aperçu Lina que lorsqu'elle était à un mètre
de moi.
--Ça alors ! fis-je en me redressant. Que fais-tu ici une femme seule et belle ?

--Je… ramasse des pissenlits, dit' elle en souriant… Mais non, la vérité c'est que je t'ai suivi. Je t'ai vu passer devant la maison et je suis venue te parler.
--De quoi ?
Elle eut un sourire coupable mais charmeur..
--Quel âge as-tu Tony ?   demanda t-elle pour réponse
--Dix sept ans, pourquoi ?
--L'âge fou. L' âge où je me suis mariée. Si tu savais combien je le regrette..
--Pourquoi Lina ? Ton mari est un travailleur, un brave homme.
--Cela ne suffit pas dans un couple. Tu es trop jeune pour comprendre. Je ne l'aime pas.
--Pourquoi t'es-tu mariée avec lui alors ?
– Tu sais comment cela se passe dans nos village, le partenaire est choisi par lesparents
ce sont des mariages sans amour, ni désir.
 Il fait l'amour comme un chien et quand il a envie, tu comprends ?
--Cependant,   tu es restée plus de dix ans avec lui…
--Cela n' a rien d' extraordinaire, d'autres tiennent le coup bien plus longtemps.

Un divorce est un scandale dans le village, alors je le trompe. Voilà la raison de ma présence ici.

--Mon père m' avait dit que « les histoires de sexe créent des problèmes »

--Écoute Tony, si tu ne veux pas j'irai chercher ailleurs, je n'en peux plus.

Je commençais à gratter la terre avec un bout de bois…

--Alors, qu'en penses-tu, c'est d'accord ?

--C'est que… je n'ai encore jamais couché avec une femme..

--Je m'en doute. Ça ne fait rien, ce n' est pas difficile, c'est encore plus excitant !

Je t'apprendrai des choses, c'est bon, tu verras !

--Tu es tellement belle que je ne peux refuser une telle proposition.

--Tu ne le regretteras pas.

--Eh bien… demain à quinze heures derrière l'ancien moulin, dis-je la tête toujours baissée

Lina jeta un regard autour… et elle m'embrassa.

--C' est également dans ton intérêt de ne rien dire à personne, me dit-elle avant qu' elle ne s'éloigne…

Je m' allongeais me servant de mes mains comme oreiller…

Il faisait beau ! Dans le ciel quelques petits nuages tout blancs se baladaient sans se presser… ils n'étaient là que pour rendre le ciel bleu encore plus bleu. !

Pour la première fois je remarquais comme les oiseaux chantaient bien ! Pour la première fois aussi je me sentais bien, presque heureux !

Je pensais à tout ce que Lina avait dit et j' étais tout à fait d'accord. Dans un mariage forcé, une femme, selon moi, pour deux raisons a le droit de trahir son mari : quand elle ne l' aime pas et quand elle n' est pas satisfaite. Lina avait ces deux excuses. Son mari s' occupait de la maçonnerie dans les environs, un homme fatigué. Voilà ce qui arrive quand on travaille trop. Elle avait bien dit que l' amour est très

important pour une femme, mais la satisfaire pleinement cela
doit être encore autre chose…
Le sexe..! La préoccupation principale la vie durant…
Je m' abandonnais à mes pensées et vivais déjà les moments
délicieux qu'allait m'offrir Lina, et c' était la première fois
que je remerciais ma mère de m'avoir mis au monde.
Cette nuit là, était la nuit la plus longue de ma vie. Je ne
saurai dire si ce fut à cause de la chaleur ou du rendez-vous
du lendemain que je n'arrivais pas à m'endormir…
--N' oublie pas de venir plus tard ramasser les feuilles de
tabac, me dit ma mère avant de partir à cinq heures du
matin.

--Je me lève tout de suite maman. Aujourd'hui j'ai envie de
travailler, dis-je en enfilant mon pantalon..
Elle a fait un signe de croix..
--Tu as décidé de devenir un bon paysan ? s'étonna t-elle   --
Ne prends pas tes désirs pour des -–Ne prends pas tes désirs
pour des réalités.
Ce matin-là, j'avais décidé d'aller aider ma mère pour bénéficier
d'un après midi de libre. !
Toute la matinée je travaillais en sifflant un air au hasard ne
connaissant aucune chanson…
Midi était passé lors du retour à la maison.
Il n' y avait encore rien à manger à part des œufs. Des œufs,
ce n'est pas recommandé avant un tel rendez-vous.
Je suis allé ensuite à la rivière pour bien me laver, mais les
rivières sont froides en toutes saisons. Je pensais alors à
l'étang..!
Là, en effet, l' eau était tiède grâce au soleil quotidien. !
Sans perdre de temps je me dévêtis et plongeais dans l'eau..!
Un banc de petit poissons s'effraya et s'éloigna vivement
comme s' ils n'étaient constitués que d'un seul ! C'était un vrai
délice de se baigner dans cette eau tiède après une
matinée
harassante

La saleté chez l'homme est incroyable s'il reste quelques jours sans hygiène ! L' odeur de la pauvreté était constamment sur moi et j'essayais de la chasser dans l'eau…
Mon ami Georges me trouva là dedans.
--Ce n'est pas prudent ce que tu fais, me dit-il. Tu vas te faire piquer le sexe par un serpent.
--Il n' y a que des petits poissons ici, puis un serpent d' eau n' est pas venimeux, lui dis-je
mais je sortis cependant à la hâte…
Une musique emplit soudain l'air.. !
--Qu'est-ce que c'est ? demandais-je
--Regarde, dit-il en découvrant l'appareil caché sous sa veste.
--Un transistor ! C'est chouette !
--Avec ça, on peut apprendre les nouvelles du monde et écouter des chansons !
--Ça c' est une invention ! Nous avons bien besoin d' appareils comme celui-ci dans ces endroits retirés.
--Hier j' étais encore à Thessaloniki avec mon père. On peut trouver tout ce que l'on veut en ville ! Tiens regarde, il m'a acheté aussi une montre ! dit-il en tendant son bras.
--Ah elle est belle ! Tu as de la chance ! Je voudrais bien moi aussi voir ce qui est une grande ville et à quoi ressemble, mais c'est
très loin..
--Viens, on va s' allonger pour écouter des chansons.
Tout à coup, j'ai pensé à mon rendez-vous !
--Quelle heure est-il Georges ?
Il regarda sa montre d'une manière démonstrative..
--Quatorze heures et trente neuf minutes, très exactement.
--Oh là là… On se reverra ce soir au café, d 'accord ?
dis-je pressé en ramassant mes chaussures…
--Tu me laisse tomber ?
--Non mais, je t'expliquerai plus tard.
--Cachottier, moi qui te croyais un ami…dit-il
et partit en ouvrant son transistor à fond…
Dix minutes plus tard, j'allai dire tiré à quatre épingles puisque j' avais mis le pantalon qui avait le moins de reprises et la

raie de ma chevelure bien réussi, j' arrivais sur le lieu du
rendez-vous…
Peu après, je sentais déjà son parfum ! Dans sa robe claire et
légère qui laissait voir un corps fait pour l'amour, Lina s'est
arrêtée près de moi pour se faire admirer ! Je lui tendis la main
pour l'aider à s'asseoir, et en regardant ses cuisses nues au
plus loin que je pus je sentis le sang me monter à la tête et
mon coeur battre plus vite que d'habitude..
Sans rien dire, elle commença par m'embrasser avec ses lèvres
humides d'envie, tandis que sa main glissait pour libérer les
choses les plus précieuses que la nature pouvait nous procurer
A mon tour, je déboutonnais sa robe lentement comme dans les
livres…
La raideur de ses seins trahissait l'indifférence de son mari. Lina
avait raison de le tromper. Comment peut-on partager le
même lit avec cette femme sans lui faire l'amour ? Est_ce que
je l' approuvais parce qu' elle était avec moi ? Non non, Lina
avait raison.
Bien sûr à mon âge je pouvais passer des moments
délicieux sans que soit nécessaire la présence d'une femme,
mais Lina c'était autre chose.. !
Quelle femme insatiable ! Personne ne peut
dire combien de fois nous avons fait l'amour...
.Par manque de vitamines, sans doute, c' est
moi qui lui ai demandé d'arrêter.
Je restais ainsi allongé… immobile… j' étais
fatigué...j'avais sommeil…
Lina me poussa…
--Ben alors, Je te croyais plus courageux que ça. me dit-elle en
riant..
--Quand tu commences toi, tu oublies d'arrêter lui dis-je
Il faisait presque nuit quand nous nous sommes séparés en
nous donnant rendez-vous pour le lendemain.
Je retrouvais Lina tous les jours pour passer des soirées entières
auprès d' elle et chaque fois je découvrais une nouvelle façon
de faire l'amour que je ne pouvais imaginer à mon jeune
âge.

Maintenant je ne pensais plus aux villes
Mon secret je l'ai confié seulement à Georges
--Ce n'est pas possible ! s'étonna t-il. Elle t'avait fait la
proposition elle même ?
--Je le jure.
--En principe, c'est l'homme qui drague. Quand une femme fait
la proposition, cela veut dire qu'elle a drôlement envie…
--Ça aussi je le jure.
--Quelle salope ! Cette femme est capable de damner un
Saint !
--Moi en tout cas, avec elle je suis au paradis !
--Tu as de la chance, parce qu' ici au village, il faut se marier
pour coucher avec une femme. Moi je drague toujours Sophie,
mais je ne suis pas pressé de faire l' amour avec elle car je
trouve cet acte ridicule.
--Si on réfléchit bien…
--D'ailleurs, l'amour est comme le tourisme : le voyage est plus
agréable que l'arrivée.
--Je n'ai jamais fait de tourisme, mais crois-moi, l'arrivée est
aussi agréable !

Mon bonheur ne devait durer qu'un mois.
Un jour, pendant que je parcourais mon livre tranquillement
dans la nature, le bruit de pas me ramena à la réalité… Je me
suis caché pour voir...C'était Lina avec un homme qui la tenait
par la taille...Cherchaient-ils un bon endroit ?
Je sentis la colère monter en moi…
--Pute...Salope… je voulais crier
J'avais déjà vu ce type. Il était du village voisin, un marchand
de bétail, ou quelque chose comme ça. Jamais elles ne sont
satisfaites ces bonnes femmes. Elle a préféré un homme mûr
et expérimenté au jeune homme que j'étais.
Pourtant je lui faisais tout ce qu'elle demandait du sexe cru,
complexe, j' étais endurant...C'est peut-être parce que je ne
voulais pas prendre sa langue lorsqu' elle m' embrassait
car je trouves que la langue est un endroit sale et
microbien. Jamais l' être humain ne trouvera la satisfaction

parfaite.   Les   femmes   rêvent d' hommes virils, alors que les hommes eux, rêvent de jeunes filles…
Peu après, j'entendais les gémissements connus de Lina…
Je suis parti sans faire de bruit…
Le village est alors redevenu insupportable.

Les années passent sans aucun changement…
Les étés sont consacrés à suer dans les champs, et les hivers au café pour se garder au chaud dans la fumée du tabac…
Pendant les nuits, allongé, je pense aux villes,
je les imagine… en regardant les flammes lécher les grosses bûches empilées dans la cheminée, ou en contemplant au plafond la tache noire que fait la lampe à pétrole en brûlant toujours au même endroit…
Cette odeur de fumier en dessous est insuppo-
rtable, et cette baraque est une vraie passoire.
Il me fallait absolument partir d'ici.
Je serais déjà parti s' il n' y avait pas ce foutu service militaire, mais après ça je partirai dès
 le lendemain pour Thessaloniki, ou plutôt à Athènes, pour travailler   durement pendant quelques années et gagner beaucoup d'argent ! Ensuite, je reviendrai pour raser cette baraque et construire à sa place la plus belle maison du village, avec à l'intérieur tout le confort et tous les appareils automatiques ! Acheter aussi un tracteur pour cultiver la terre sans trop se fatiguer. Ma mère pourra alors se reposer, et s'occuper enfin seulement de la cuisine! Ha, ha, elle   ne saurait pas s' en servir de tous ces appareils modernes, elle serait perdue la pauvre, mais elle apprendra comme tout le monde…
A mes dix neuf ans, malgré le manque de vitamines, je suis devenu un grand et beau garçon et cela rendait ma mère très fière ! Georges lui, avait vingt ans,   dès lors quelques jours plus tard il partait faire son service militaire.
A la veille de son départ, il m'a invitait chez lui parmi les siens pour y rester ensemble jusqu'à une heure tardive de la nuit…

Après son départ, le village me parut vide, dès lors je me suis
senti comme un lion en cage.
Le lendemain, je reçus après tant d' années,
une lettre avec une photo de mon cousin au
kolkhoze de Russie, que l' on se demandait d'ailleurs s'il
était toujours en vie. Avant que les communistes ne l'emmènent
pendant la révolu- tion, il eut le temps de nous dire :
--Je vous enverrai une photo dès que je le pourrai. Si je
suis debout, cela voudra dire que tout va bien, mais si je suis
assis, cela voudra alors dire que tout va mal. Sur la photo
mon cousin était allongé, tandis que dans la lettre il assurait
qu'il allait bien.

On ne te voit pas à l' église.. me dit le curé un jour qu'il me
rencontrait sur son chemin.
--Lâchez-moi monsieur le curé, je ne crois pas en Dieu.
--Comment ! Tu ne crois pas en lui qui nous a créés !
--C' est l' homme qui a créé Dieu, et non le contraire.
Votre créateur n' est connu que par des paroles, tandis que la
création de la vie elle repose sur des faits et phénomènes
naturels.
--C' est le bon Dieu qui a tout créé mon fils, le bon Dieu.
--Et je ne suis pas votre fils.
--Alors pour toi, nous tous les serviteurs de Dieu sommes-nous
fous ?
--Oh non, pas du tout. Vous avez choisi un
métier pour vivre sans trop se fatiguer ! Vous dites que dieu a
travaillé six jours et s'est reposé le septième, tandis que vous
faites le contraire. Moi aussi je me serai fait curé si je savais
jouer la comédie. Vous nourrissez les gens avec de belles
paroles et les gens eux vous nourrissent en retour
financièrement, c'est judicieux !
--Tu dis de bêtises. Alors toi, tu ne crois ni à Dieu, ni au
Saint-Esprit, ni à Jésus Christ le fils de Dieu, rien.
--Parmi ces trois-là, je suis pour le saint-esprit ; Chacun   doit
avoir l' esprit sain plutôt que mauvais.
--Ah tout de même.. Et pour Jésus Christ, le fils de Dieu ?

--Un individu qui s'appelait Jésus a peut-être existé il y a deux mille ans, mais il ne peut être fils de Dieu puisque Dieu n'existe pas. Il était, je pense, un révolutionnaire que l'on a tué à la manière de l'époque, voilà tout.

--Ah bon. Toi tu crois plus au monde matériel qu'au monde spirituel ?

--Sans aucun doute, monsieur le curé. L'argent est mon seul Dieu et ses Saints y compris. Soyons réalistes. L'argent est un pouvoir bien concret, que l'on voit, que l'on touche, et avec lequel on peut obtenir presque tout ce que l'on veut, tandis qu' avec les prières, personne n'a jamais obtenu quoi que ce soit.

--Tu dis n'importe quoi.

--Et vous avez trouvé aussi la combine pour avoir l'obole en permanence !

--Comment ça ?

--Vous avez laissé l'église inachevée avec un grand panneau qui dit : « aidez par votre obole à la restaurer », et cela dure des années et vous n'êtes pas prêt à enlever ce panneau, n'est ce pas ?

--Mais les fidèles sont de pauvres gens, on ne restaure pas une église avec des centimes..

--Bien sûr...Je me demande parfois si ce sont les pauvres qui deviennent croyants, ou les croyants qui deviennent pauvres ? Cependant, il y a aussi beaucoup de croyants naïfs mais fortunés qui font des dons considérables pour enrichir le Vatican. Moi j'aime la franchise du curé du village voisin, lorsqu' un paysan lui avait demandé de venir chez lui pour bénir sa maison afin de faire partir les souris qui mangeaient tout son blé, le curé lui a répondu :

--Je viendrai la bénir, mais tu ferais bien de prendre aussi un chat dans la maison.

--Il a voulu plaisanter…

--Il a voulu surtout l'aider efficacement.

Le curé racla sa barbe, et des signes d'énervements apparurent sur son visage…

--C'est inutile de discuter avec toi plus longtemps, je te laisse.

--J'espère que je vous ai appris quelque chose, monsieur le curé.
Son regard ne me plut guère avant de me quitter
prestement en faisant voler sa soutane comme s'il avait vu un
diable…

Ma mère aussi fait sa prière à genoux. Dans ces moments-là,
j'ai vraiment envie de lui donner un coup de pied au derrière.
Elle n' oublie pas non plus de faire son signe de croix
avant chaque repas toujours maigre.
--Qu'est-ce que cela signifie ces gestes comiques que tu fais ?
--Je remercie Dieu pour le pain quotidien.
--Eh bien, ton bon Dieu n'est pas bien généreux.
--Ne parle pas comme ça, Dieu va te punir.
--Moi j'ai l'impression qu'il punit ses fidèles.

Dans la monotonie, le temps passa jusqu'au jour où Georges
finit son service militaire.
J ' étais très content de son retour et l' un des premiers sur la
place du village pour l'accueillir.
--Mon vieux… enfin tu es là ! Je l' embrassais à mon tour. J'
ai failli devenir fou sans toi dans   ce maudit village.
Comment ça s' est passé à
l'armée ? Allez raconte…
--Que des conneries. me dit-il en marchant son bras sur mon
épaule…
Je n'ai rien appris pendant mon service. Tu iras aussi bientôt et
tu verras des gars qui ont fait de longues études devenir de
simples soldats, tandis qu'un idiot peut devenir un capitaine.
--Toi tu étais un capitaine alors. !
--Salaud...c'est toi qui vas être capitaine.
--C'est long Georges deux ans. Ça m'embête de laisser ma
mère seule.
--Que faire, c'est obligatoire.

Une semaine après, oh malheur ! Georges arriva enthousiasmé
agitant une lettre…
--Tony mon ami, je pars pour la France !
--C'est une blague ?

--Non non, tiens lis...Je t'avais dit qu'un ami de mon père est contremaître dans une usine d'automobiles à Paris. Il m' écrit donc que je peux le rejoindre pour me faire embaucher.
--Ah non, ne fais pas ça. Tu ne peux pas me laisser encore seul ai-je supplié..
A peine arrivé, tu repars..
--Désolé mon ami, vraiment désolé. Je vais y aller. De toute façon, tu pars aussi bientôt pour ton service.
--Oui...A vrai dire tu as raison, dis-je en baissant la tête. On ne laisse pas passer une telle occasion. Tu as raison, tu ne vas pas te laisser pourrir dans cet endroit immuable. Pour Paris ! Quelle chance ! C'est pour quand ?
--Dès que j'aurai un passeport.

En effet, quinze jours plus tard, Georges partait.
Sur la place du village, avec une valise entre ses pieds et entouré par sa famille Georges ne
cessait de regarder sa montre..
Peu après, un nuage de poussière au loin, nous fit deviner l'arrivée de l'autocar…
Après avoir embrassé sa famille, Georges se retourna vers moi et m'étreint.
--Je suis vraiment désolé, me dit_il triste.
--Tu penses à moi, n'est ce pas Georges ? Tu me feras venir aussi. Toi seul peut me faire sortir d'ici, me sauver ! Promets-le moi Georges, je le suppliais accroché à son veston pendant qu' il prenait sa valise..
--Je te ferais venir dès que tu auras terminé ton service militaire, c' est promis, me dit-il en montant dans l'autocar…
J'ai fait un effort pour lui sourire à travers la vitre en regardant ses yeux aussi tristes que les miens au moment où le vieil autocar démarrait..
On se faisait des signes d' au revoir jusqu' à ce qu' il disparaisse au premier virage en me laissant de nouveau seul.

Chapitre II

C'est à peine deux mois plus tard qu'arriva mon tour d'aller
servir la patrie.
Pourquoi l'armée , pour garder les frontières ? S'il n'y avait pas
de frontière, il n' y aurait pas d'armée ? Pourquoi le monde
entier ne serait' il pas un seul pays ?
A l' armée on t' apprend à tuer, des gens qui ne t' ont fait
aucun mal, que tu n'as jamais vu auparavant. Des morts pour
rien. Des morts parce que les deux gouvernements ne sont
pas d'accord.
--A la guerre ! Disent-ils dans leur bureau. Tuez l'ennemi, ces
gens d'une autre race, ces gens qui parlent une langue différente
de la notre, ces gens qui appellent leur Dieu différemment
et vous serez des héros ! mes fesses,personne ne donne sa vie
pour la patrie, le « héros » courait moins vite que les autres
pour se cacher, voilà tout. Mais l' histoire a besoin d' eux,
chaque Nation tient à sa page glorieuse, les défaites là sont
minimisées, la « victoire » claironnée !
Des morts pour rien. Alexandre le… grand a t-il gardé les
territoires conquis ?Ou   les Romains ?   De même que
Napoléon Bonaparte, ou Adolphe Hitler ?

Il serait tellement plus patriotique d'éviter la guerre, éviter
d'envoyer le peuple à l'aventure, à la mort. Mais il y aura
toujours des guerres pour des différences de races, de religions,
de politiques, d' intérêt…   L'INTERET !   Le mot terrible de
tout les temps ! Comme les hommes pourraient mieux vivre si
on consacrait au bien être   toutes   ces dépenses   destinées
pour l'armement ! Il n' y aurait peut-être pas de guerre si
l'on envoyait les dirigeants au front.
Le jour de la conscription n' était pas la joie.

Personne n' aime l' armée et tous les moyens sont utilisés
pour s'en échapper…
J'ai vu des gars qui se coupaient les veines afin de passer pour
des psychopathes. Un autre qui simulait la folie en ramassant
tous les papiers qu' il trouvait au sol, et les rejetait en
disant :
--Ce n'est pas ça.
Le jour où il arriva à convaincre qu'il était bien un fou, il
observa le certificat d' inaptitude que lui remettait le psychiatre
et il cria :
--C'est ça !!
Tous les matins, le peloton s'aligne pour apre -ndre à marcher
d'une manière singulière...
Les après midis, sont consacrées au maniement des armes et à
l'entraînement pour une guerre imaginaire dont nous sortons
naturellement vainqueurs !
J'avais, au moins, la chance d'aller faire mon service dans une
grande ville, à Athènes. !
Ma première sortie c'était la découverte d'un monde différent
du mien et je ressentais tant d'excitation à le connaître .
Je pris l'avenue de Syntagmatos...Une rue large couverte
d'asphalte bien différente des chem-ins cahotants de notre
village d'où la poussière   s' élève à chaque passage d'un
chariot...
Des maisons hautes et solidement construites qu'aurait pu
chacune abriter la population de notre village et en dessous de
leurs porches, des magasins alignés où l' on pouvait trouver
même le « lait d'oiseau ». Des couples se promenaient bien
habillés avec une peau fraîche de citadins, tandis que d' autres
trouvaient leur plaisir en roulant crânement au volant d'une
voiture avec toujours cette sensation d'être meilleur conducteur
que les autres…
Mes pas m' ont conduits jusqu' à la place du soldat
inconnu où les evzones en uniforme traditionnel relevaient
la garde avec des pas et des gestes qui à mes yeux prêtaient à
sourire, mais je comprenais bien qu' un gouvernement préfère

se montrer plus patriote que moderne en gardant les vieilles coutumes et traditions.

J'ai pris une rue étroite d'une impasse sans asphalte...Ici les maisons n'étaient pas hautes et sur les murs abîmés s'il y avait eu de la peinture, elle avait disparue depuis longtemps. Les poubelles du matin traînaient encore et les chats errants semblaient heureux. Deux petits garçons mal habillés jouaient avec un ballon confectionné de chiffons ficelés... La musique d'un bouzouki qui venait non loin de là attira mas pas... Par la fenêtre, j'ai regardé l'intérieur du café faiblement éclairé par l'unique ampoule au plafond...Trois personnes au fond de la salle, deux hommes et une femme, constituaient la clientèle. Les nombreuses bouteilles vides et les assiettes empilées montraient qu'ils étaient là depuis un long moment. L'un d'eux m'aperçoit et me fait signe d'entrer...
--Assieds-toi parmi nous soldat. me dit-il et il tira une chaise.
-- Encore deux bouteilles d'ouzo, ordonna au patron qui faisait office de serveur, sans me laisser le temps de refuser.
Il me remplit un verre et soulève le sien.
Tu vas boire un verre avec nous, n'est ce pas ? me dit-il
--C'est que…
--Allez, cul sec.

Je vidais mon verre avec effort... (il ne faut jamais contrarier un homme à moustache)
--Tu cherches certainement une pute par ici, hein ? dit-il, ce qui fit sourire les autres
--Non non, je suis à sec.
--Toi aussi! Ça ne fait rien, tu m'es sympathique. Ancien ?
--Pardon ?
--Ancien à l'armée ?
--Plus d'un mois.
Il s'éclata de rire comme si j'avais dit quelque chose d'hilarant.

--Tu n'es pas au bout de tes peines mon pote, je regrette.
--Pas tant que moi.
--De quel endroit t'es ?
--Je ne crois pas que vous connaissez mon village . Je suis du Nord.
--Ah ben merde alors ! Moi aussi je suis du Nord dit-il en me tapant fort sur le dos. Puis, claquant des doigts, il commanda un sirtaki et se leva en m' entraînant avec lui...
--Un, deux, trois. et un et deux... Voilà... c'est ça... bravo... me disaient-ils en applaudissant...
Quelle soirée... ! Ma tête tournait...On s'amusait d'un rien dans les endroits populaires...
Quand nous avons regagné nos places, il remplit à nouveau les verres.

--Moi tu vois, recommença à dire après avoir bu une grande gorgée, l' année dernière j' avais gagné beaucoup d'argent à la loterie ! J' avais une grosse bagnole toujours remplie de belles nanas ! Je portais des costumes et des cravates ! J'ai mangé la vie à la petite cuillère mon pote ! Mais elle m'a laissé un goût amer la salope, j' ai tout perdu aux casinos. dit-il et but encore une gorgée tandis que son visage s' assombrit pendant qu' il allumait une cigarette pour troubler les mauvaises souvenirs dans la fumée
--C'est dommage, dis-je
--Bof. Je m' amuse toujours quand même. dit_il
--Bon. Ce n'est pas que je m'ennuie, mais je suis en retard et je dois vous quitter, dis-je
--Bien sûr mon ami, mais pas avant de boire le verre de l'amitié, me dit-il en levant le sien.
J'ai fait encore un dernier effort pour vider ce verre...
--Je vous remercie beaucoup , grâce à vous j'ai passé une belle soirée ! Dis-je en prenant mon béret pour sortir..
Dehors il faisait meilleur ! J'avais trop bu. Le dernier verre était vraiment de trop. Ma tête cognait et tournait comme un manège...Malgré l'air frais du soir, je n'arrivais pas à m'orienter

pour trouver mon chemin... A pas instables, je finis par entrer à la caserne…

Le lendemain matin, j'ai reçu un polochon sur la tête pour me réveiller.
--Debout fainéant, me cria le sergent accompagné du rire des autres qui étaient déjà habillés
Mon ami d' équipe Stavros, me trouva aux lavabos.
--La première sortie est toujours une fête, me dit-il. Tu as dû beaucoup boir hier soir, tu t' es endormi tout habillé.
--J'ai un mal de crâne.. dis-je en touchant mon front.
--Eh bien, dimanche prochain, tu vas boire encore plus. Je t'invite au mariage de ma sœur Aleka.
--Alors là ! J' y serais allé même sans ton invita- tion, lui dis-je en le tapant sur le dos.
Le dimanche suivant vers dix heures,   Stavros
ne tenant plus en place est venu me chercher comme promis.
--Alors, tu viens oui ?
Une heure après, nous sommes descendus à la station Zeus.
La musique et les voix gaies non loin de là, m'indiquaient la direction..
Entouré de son parc, la villa de Stavros à elle seule parlait de la richesse du propriétaire. Des invités conversaient en se promenant dans les
allées avec un verre à la main…
Son père, un petit homme d'une cinquantaine
 d' années, était l ' archétype classique de l'homme riche : chauve, ventre proéminent , nœud papillon, cigare, sûr de ce qu' il disait.
Sa belle mère, avait la moitié de l'âge de son mari, blonde, très belle mais simple et sans manières.
Ils m'ont serré la main, puis elle demanda aux musiciens un slow et se retournant vers nous, d'un clin d'oeil nous dit :
--Allez y, les filles s'ennuient.
Vêtues à la dernière mode, une   dizaine de jeunes filles papotaient sous un kiosque, tandis que leurs parures de diamants brillaient au loin.

Nous nous sommes approchés d'elles.

Une jolie brune aux yeux verts se détacha de ses compagnes prestement et vint joyeuse au devant de Stavros d'un air qui ne laissait aucun doute sur leur idylle,tandis

que celui-ci d'un signe, appela une autre fille pour danser avec moi.

La rousse aux cheveux bouclés qui est venue vers moi était pleine de charme ! Tout sur elle laissait paraître l'opulence que possédait sa famille !

On se mit à danser sur le rythme d'un slow comme si nous nous connaissions depuis longtemps…

La musique était douce et agréable, avec des instruments de luxe qui n'avaient rien à voir avec la clarinette et la grosse caisse du village.

Soudain, la musique cessa et l'on entendit la voix du père demander si la mariée était prête car c'était l'heure d'aller à l'église.

La mariée, visage rayonnant de bonheur paru en haut de l'escalier sous les acclamations…

J'eus un regard d'admiration pour cette fille enveloppée de fraîcheur dans sa robe blanche ! Ses cheveux d'or noués en bandeau garni de fleurs de camélias, lui donnaient un profil sans reproche !

Deux anges aux cheveux bouclés soulevaient la longue traîne pendant qu'elle descendait les marches…

Le cortège partit vers l'église…

Comme la tradition le veut, le marié était déjà là entouré par sa famille devant l'entrée pour accueillir sa futur femme.

Les familles se sont saluées, puis nous sommes entrés pour la cérémonie…

C'était la première fois que j'entrais dans une église.

L'autel était garni d'innombrables fleurs, et derrière les mariés, deux énormes cierges allumés et attachés symbolisaient l'union du couple.

Le curé lut le sermon en chantant que je n'ai pas bien compris, puis il déposa trois fois une couronne de fleurs sur leur tête avant la remise des alliances…

La cérémonie était terminée, la mascarade aussi.

A la sortie, deux jeunes filles offraient des dragées à chaque invité, et Stavros m' expliqua qu'en les mettant sous l'oreiller, elles devraient faire apparaître en rêve, le visage de la femme de notre vie.

De retour à la villa l'ambiance repris à l' intérieur dans une immense salle au sol couvert de moquette tandis que des serveurs soucieux de bien faire allaient et venaient pour satisfaire l'assemblée…

La soirée continua avec les danses et diverses boissons jusqu'à une heure tardive de la nuit…

Nous sommes rentrés à la caserne avec le cafard

Avant de nous coucher, nous n'avons pas oublié de mettre nos dragées sous nos oreillers…

Le lendemain matin la question vint prestement :

--Qu'as-tu rêvé ? me demanda Stavros

--Oh là là… Quand on a les yeux fermés on vit dans une autre dimension. J' ai fait un rêve bizarre. Je me voyais sur la tour Eiffel à Paris, lorsque tout à coup je suis tombé dans le vide.

 Je sens encore mon coeur battre fort…

--On ne peut rien tirer de ce cauchemar.

J' accomplissais la deuxième année de mon service quand je reçus le télégramme suivant : « Votre mère subit une opération d'un cancer de la gorge »

Je courus trouver mon capitaine…

--Je sais, je t'attendais, me dit-il sans me laisser le temps de parler. Je te donne une semaine de permission. Allez, va.

J'ai salué en remerciement et couru dans la rue pour arrêter une voiture qui pouvait me conduire vers l'hôpital. La troisième se rendait à Thessaloniki…

Entouré de son parc, l' hôpital St Paul était silencieux. Je montais en courant les escaliers..

A l'accueil, je donnais mon nom. Une imposante femme drrière le guichet consulta la liste avec des gestes lents de routine... Pourquoi ne met-on pas à sa place une personne plus réactive ?
--Deuxième couloir à gauche, chambre 98 ? finit-elle par dire
Après avoir suivi l'intermina- ble couloir, je m'arrêtais devant la porte corre- spondant au numéro indiqué. J' hésitais un moment, puis j'entrais sans frapper.
Je trouvais ma mère endormie. Elle était tellement pâle que je crus un instant qu' elle était morte.

Je me penchai alors sur elle pour l'embrasser et j' entendis un sifflement provenant de sa gorge. Je soulevai avec précaution le drap et vis un tube placé pour respirer. Probablement par instinct, elle a sentit ma présence et ouvrit un peu les yeux.. J' aperçus un éclair de joie dans son regard ! Elle m'a serrée le bras de ses doigts maigres comme pour me remercier d' être venu la voir. Elle voulut dire quelque chose, mais seul un bruit accompagné de salive a pu sortir de l'intubation.
Elle remua la tête désespérée comme si elle disait : bientôt je vais mourir.
J'essayais de lui sourire en caressant son front moite lorsque de ses yeux deux grosses larmes débordent et roulent le long de ses joues pour s'écraser sur l'oreiller. Je savais autant qu' elle que l' être humain ne pouvait vivre bien longtemps avec un tube dans la gorge. Dès lors, j'ai compris que rien ne pouvait la sauver.
Par faiblesse, elle s'endormit à nouveau..
J' ai demandé au médecin de pouvoir rester auprès de ma mère, et il me donna son accord d'un mouvement de la tête.
Voilà ce qu' est le cancer selon moi : une explosion organique dans un endroit faible du corps quand le moral est au plus bas.

Ma mère est une femme usée par le travail et la malnutrition, victime de la pauvreté. On n'a pas d' argent à jeter pour les médecins, alors on résiste aux douleurs on les ignores jusqu' au jour où l' on nous emmène à l' hôpital pour y mourir.

Je ne saurais dire à quelle heure je me suis endormi la tête sur le dossier de la chaise...

Une légère secousse sur mon épaule me fit sursauter au matin.

--Ce n' est plus la peine que vous attendiez, votre mère se repose pour toujours, me dit l' infirmière.

J'ai regardé ma mère sur le lit...La sérénité avait remplacé ses traits marqués.

--Oui. dis-je hochant la tête.. Elle se repose enfin pour toujours.

Je suis allé m'asseoir sur le banc près de la porte centrale de l'hôpital…

J'avais une terrible envie de fumer une cigarette

Un homme à l' allure pressé qui avait reçu de toute évidence une mauvaise nouvelle, avant de rentrer dans l' hôpital jeta sa cigarette qu' il avait à peine allumé. Je la ramassais discrètement pour tirer quelques bouffées successives..

Au moment où je voulus partir, je reconnus de dos mon voisin Alekos.

Je courus et lui tapait sur l'épaule.

--Ah c'est toi Tony ! Comment va ta mère, est-ce qu'elle va mieux ?

--Elle ne souffre plus.

--Que veux-tu dire ?

--Elle s'éteint cette nuit.

--Oh la pauvre ! Pourtant rien ne montrait la gravité de sa maladie.

--Je te remercie d' être venu la voir Alekos. Parle-moi du village, as-tu des nouvelles de Georges ?

– Tu fais bien de me parler de cela. Il m' a demandé ton adresse pour qu'il puisse t' écrire mais je ne la connais pas non plus. Tu ne m' as jamais écrit petit voyou. Tiens, j' ai encore sa lettre dans ma poche, tu peux lui écrire, dit-il et il me donne l'enveloppe.

--Si tu savais combien je suis content d'avoir son adresse !

--Voilà aussi un peu d'argent, cela peut être utile. dit-il et me tendit un billet.

--Merci Alekos. Je n'ai plus de cigarette.

--Ah ces cigarettes… Tu peux compter sur mon aide Tony. J'ai déjà pris vos bêtes parmi les miennes. Tu veux autre chose ?

--Oui … Je voudrais aussi te demander si tu pouvais t'occuper de l'enterrement de ma mère car moi je dois rentrer à la caserne.

--Tu ne vas pas assister à l'enterrement de ta mère !

--Alekos, il faut s'occuper d'une personne de son vivant, après la mort ce n'est plus la peine.

--Bon, je vais m'en occuper. Ah, j'ai failli l'oublier. La petite Katia, tu sais la fille de Léonidas, elle m'avait demandé de tes nouvelles

elle s'intéresse beaucoup à toi, tu sais ?

– Dis lui que je ne me marierai jamais.

--Tu as tort, elle est la plus belle fille du village

--Et la plus pauvre. J'aurais préféré qu'elle soit moins belle mais beaucoup plus riche.

--Tony le Réaliste. Tu as peut-être raison.

Après avoir discuté du village et de ses nouvelles, nous nous sommes étreints avant de nous quitter.

Je suis allé sur la baie pour écrire à Georges et lui donner de mes nouvelles…

C'était la première fois que je voyais la mer. Je regardais cette immensité d'eau étonné ! Sur la baie des gens se promenaient pour s'oxygéner…Tout le long, un interminable parsemé de fleurs de toutes espèces artistiquement plantées et parmi elles, des bancs étaient installés à la disposition de gens qui venaient pour se détendre… Thessaloniki était une belle ville ! Comme sans doute toutes les villes qui sont au bord de la mer.

J' ai regardé loin à l' horizon et cherché la direction de la France… Je voyais sur l'eau des bateaux qui venaient ou partaient de l' autre côté de l' océan, vers d' autres pays, d' autres villes, là où les gens sont riches et heureux !
Un mois après j' ai reçu une lettre de Georges !
En premier lieu, il m'envoyait ses condoléances pour ma mère, puis il m'expliquait son travail à l'usine d'automobiles et qu'il était content.
Il m' écrivait aussi que Paris était une grande et belle ville, et qu' il fallait patienter jusqu' à la quille pour aller ensuite le rejoindre. !
Désormais les jours me semblaient encore plus longs car je m'imaginais déjà à Paris… jusqu' au jour de mon retour dans le civil !

Après le service militaire, je dus retourner au village.
La maison était silencieuse. Je suis monté voir à l'étage…Dans la cheminée des cendres accumu-
lées… Le foulard délavé sur le dossier d' une chaise dépaillée… J' enlevais une énorme toile d' araignée pour entrer dans ma chambre…
Surpris par ma présence, un chat s'est enfui par la fenêtre dénuée de vitre… La plupart de mes livres étaient grignotés par les souris… Mon pantalon était toujours là, accroché à un clou
au mur…
Je descendus dans la cour angoissé…
Les bras croisés, je m'assis sur une pierre pour réfléchir…
Voilà le cadeau de l'armée : Il faut recommencer à zéro.
Enfin…une façon de parler, personnelle- ment je n' avais pas grand-chose à perdre, pour être franc, à l'armée je mangeais mieux que dans le civil, bien que certains aient trouvé cette nourriture peu comestible.
 Le décès de ma mère m'avait beaucoup affecté, je me sentais très seul. Si Georges ne pouvait rien faire rapidement, j' irais gagner ma vie en ville. Ce que je voulais faire depuis longtemps, mais je ne voulais pas laisser ma mère seule,

cela l'aurait tué comme c' est arrivé quelques mois
seulement après mon départ au service militaire, bien que
pour elle la mort fut une délivrance...
L' arrivée du voisin Alekos me sortit de mes pensées.
Après lui avoir serré la main, il me donna quelques
lettres...Quatre plis représentaient les frais d' hospitalisation et
de l' enterrement de ma mère..
La cinquième lettre je l' ai reconnue par le timbre et la
parcourue rapidement...
Georges est un type formidable ! Il a tenu sa promesse ! Je
pouvais aller à Paris !
J'ai sauté haut en criant « Youpi » !!
Alekos me regarda interrogateur...
--Je pars pour la France Alekos, tu comprends ça ? Je vais à
Paris !!
--Ah bon !
--Alors, est-ce que tu veux acheter mes bêtes ?
--Si tu me fais un bon prix...
--Donne-moi ce que tu veux.
--Je n'ai pas besoin d' autres bêtes, c'est pour te faire plaisir, et
à condition que tu me fasse un prix aussi pour ta maison qui
me servira d'écurie, ajouta t-il
Je n'avais pas le choix. Je comprenais bien qu'il profitait de la
situation. D'ailleurs, je n' avais plus besoin de cette baraque.
Puis Alekos s' est montré tellement gentil et serviable que je
lui étais redevable.

Quelques jours plus tard, avec mon passeport dans une poche et
toute ma fortune dans d'autre, je pris le train pour Paris sans
oublier auparavant d'écrire à Georges pour qu'il m 'attende...
Dans le compartiment, comme seul compagnon de voyage, un
homme d' une   cinquantaine
d' années, bien habillé, souriant, gentil, et surtout très
poli : un citadin !
-Allez-vous loin jeune homme? me demanda t'il pendant
qu'il remplissait sa pipe..
--Oui monsieur, très loin, à Paris !

--Ah, moi aussi ! Dans trente-six heures nous
y serons, dit-il souriant. Je pouvais prendre   l' avion, mais
par la voie de chemin de fer on apprécie   mieux le voyage,
ne   trouvez-vous pas ?
--Je ne saurais dire monsieur, je voyage pour la première fois.
--Ah moi j'y vais souvent, j'aime voyager.
J'apprenais qu'il y avait des gens qui voyageai- ent pour le
plaisir.
Il tira quelques bouffées   successives et une odeur
aromatique envahit le compartiment.
--Seulement, une chose ennuie les voyageurs : le pénible
contrôle à la frontière.
--Qu'est-ce qu'ils contrôle ?
--Vous ne savez pas ? On empêche la fuite de l'argent, mon
ami. On a le droit de passer à l' étranger qu' avec dix
mille drahmes, c' est ridicule..
La fumée m' empêchait de le voir clairement.
Je clignais des paupières gêné..
Après dix minutes de silence, je lui demandais :
-- Que dix mille dites-vous ?
--- Seulement, mon ami, Vous rendez-vous compte
--Et si on a plus ?
--Il est confisqué sans pitié. Comme cela m' est arrivé la
première fois. dit-il et il se pencha confidentiellement vers
moi comme s' il avait peur de se faire entendre bien qu' on
était seuls, pour ajouter : Mais maintenant j' ai trouvé
l'astuce pour passer avec cinq cent mille drahmes ! Je me
suis muni d' un certificat commercial, ha, ha…
Je me mis à réfléchir… Si l' homme disait la vérité je
risquais de perdre mon argent… Pourquoi mentirait-il, il
voyageait souvent, il connaissait donc les choses. Je ne
savais que faire…
Nous sommes restés plusieurs minutes en silence, seul
le bruit régulier des pistons du train s'entendait…
--Dans dix minutes on arrive à la frontière, dit mon compagnon
en consultant sa montre.

--Écoutez … J' ai sur moi quatre-vingt-dix-huit mille drahmes,
croyez-vous que je risque de les perdre ?
--Je le crains fort, dit-il hochant la tête.
--Que puis-je faire, avez-vous une idée ?
Il a posé son front au bout de ses doigts et s'est concentrait
pour réfléchir…
Visiblement, on aurait dit qu' il faisait appel
à toutes les fibres de son cerveau…
 --Non, aucune mon ami. dit-il finalement l' air déçu.
Cependant, vous pouvez le déposer à la banque de la frontière
et le récupérer à votre retour.
--C' est que… je ne sais pas si je vais revenir.
--Ah, dans ce cas…
Que fallait-il faire ? Et ce bruit infernal des roues qui
accélèrent de plus en plus et qui ne me laisse pas réfléchir.
--Plus de cinq minutes pour la frontière, me rappela t-il
Soudain, une idée éclaire ma pensée !
--Voulez-vous m'aider, monsieur ?
--Si je le peux...Et appelez-moi Christos.
--Voilà, monsieur Christos. Si je vous confiais mon argent
pourriez-vous le passer avec le certificat commercial et
vous me le rendrez après le contrôle ?
--Mais bien sûr ! Comment n' y ai-je pas pensé plus tôt ?
Sans perdre de temps, je passais les quatre vingt dix mille
drahmes à mon gentil compagnon avec mille remerciements.
Ouf, il était temps ! Une minute après, le train s'arrêta à la
frontière Yougoslave.
--Vous savez qu' il est strictement interdit de descendre du
train avant que le contrôle ne soit terminé, n' est-ce pas ? Eh
bien, avant qu' ils n'arrivent, je vais aller un peu aux
toilettes à côté, dit-il en se levant souriant..
Quelques minutes après, le contrôle prit fin et mon compagnon
n'était pas de retour.
Je commençais à m'inquiéter…
Peu après le train siffla, ce qui signifiait qu' il allait partir.
J'ai tiré l'alarme et couru à la fenêtre…
--Ne partez pas, je vous en prie. je m'écriai..

J'ai perdu mon argent que j' ai confié à une personne.
--Désolé, le train ne peut plus attendre, me dit un contrôleur et
fit signe au mécanicien qu' il pouvait partir.
Un conseil jeune homme : Ne fais confiance à personne, m' a
t-il crié au moment où le train peinait pour démarrer.
Accroché à la fenêtre, je regardais le paysage tout au long
du trajet pour oublier mon
désarroi et ma peine...

Chapitre III

Georges m'attendait à la gare de Lyon.
En apercevant son signe, je sautais du wagon le premier et me
dirigeais vers lui…
Nous nous sommes embrassés heureux de nous retrouver !
--Georges mon frère ! Si tu savais combien je suis content de
te revoir, d'être avec toi à Paris !
--J'avais fait une promesse, non ?
Mon sac de sport dans une main et l'autre main sur son épaule,
nous avons regagnés la sortie et nous sommes montés dans une
voiture ?
--A qui est cette voiture ? demandais-je après qu-il a
démarré.
--Elle est à moi, pourquoi ?
--Si tu étais resté au village, tu n' aurais même pas eu un vélo.
C' était un dimanche du mois de mai. Une pluie fine qui
avait commencé au petit matin ne voulait pas s'arrêter.

Tout au long du trajet, Georges m' expliquait les différents endroits traversés…
Bastille...Hôtel de Ville...Louvre…
Je n'arrivais pas à le croire, j'étais à Paris !!
Chaque fois que nous passion devant un grand bâtiment, une statue, un supermarché, je ne pouvais cacher mon enthousiasme !
-

-D'où sortent ces gens là chargés et pressés un dimanche ?
--Des magasins, ils font leurs achats parce que dans la semaine n'ont guère le temps.
--Pourquoi n'ont-ils pas le temps ?
--Tu verras plus tard pourquoi, maintenant il faut entrer pour te reposer.
--Il y a du monde !
--Évidemment. Paris et ses environs sont plus peuplés que la Grèce entière.
--Ben, merde alors !
--Tu as déjà entendu parler de ce fleuve qui traverse Paris ?
--Ah oui.. c'est la Seine ! J' avais lu l'histoire de Paris, la Seine et ses ponts magnifiques !
--Ils ne ressemblent pas à celui du village qui s'était cassé en deux lorsqu' un camion a voulu le traverser, n'est-ce pas ?
--Oh non alors. Ah l'Europe ! Les villes ! Tout le monde est riche tout le monde heureux. A peine deux ans, et hop Georges avec sa voiture !
Georges hocha la tête sans rien dire.
--Ha, ha...regarde Georges, j'aperçois même des gens qui pique-niquent sous les ponts.
--Non Tony, ce sont des gens démunis, sans maison et sans travail et qui dorment sous les ponts.
--Ah bon ?!

Il était plaisant d' être dans une voiture et entendre le bruit des roues sur l' asphalte mouillé..Derrière les vitres je regardais les gens se précipiter pour trouver un abri les épaules courbées et les sourcils froncés comme si cela pouvait les protéger de la pluie.

--La tour Eiffel ! Je me suis écrié. Qu' elle est haute !

--C'est la mascotte de Paris, comme le Parthén- on à Athènes. Nous sommes arrêtés pour fumer une cigarette.

--Regarde-la bien car tu n'auras pas le temps de te promener. J' en profite aussi pour faire un tour par la même occasion.

--Tu veux me faire peur ?

--Te prévenir.

Le vent chassait les nuages en basse altitude et le soleil refit son apparition. La ville commença à sécher et l'odeur du goudron imprégnait l' air.

--Bon allez, on va rentrer maintenant,   dit Georges en jetant son mégot.

--Je croyais qu'en ville on ne jette rien par terre.

Oui mais, tout le monde fait pareil. Démocratie, disent-ils, Liberté !

--C'est quoi la démocratie ?

--C' est de pouvoir jeter un mégot par terre.

--Si c'est ça, nous sommes sauvés !

Peu après, nous avons démarrés pour rentrer chez Georges…

--Voilà, c'est là que j'habite Paris 11ème dit-il en garant la voiture avec un peu de chance juste devant la porte de l'immeuble où il habitait.

--Paris 11ème dis-tu ? Je croyais qu' il y avait qu'un seul Paris.

--Oui mais Paris est tellement grand qu'il a fallu le diviser en 20 arrondissements.

Nous sommes montés par un vieil escalier jusqu' au deuxième étage où Georges louait un studio.

--Elle me paraît bien vieille cette maison, un jour elle va s' écrouler sur nos têtes, dis-je pendant qu'il ouvrait la porte.

--Elle a résisté plus de cinq cent ans, pourquoi veux-tu qu'elle tombe maintenant.

--Je ne veux pas, mais un jour il faudra qu' elle tombe, non ?

--N'aie pas peur.
--Quel bordel.. ! fis-je en voyant le désordre dans la pièce.
--Je n' ai pas eu le temps de faire le ménage, je suis parti tôt
pour venir te chercher, il s'excusa et commença à faire un peu
de rangement en allumant la télévision.
--Tu as aussi une télévision !
--Comme tout le monde…
--Comme tout le monde !

Il est entré dans la cuisine pour préparer le café et moi je suis
allongé sur le canapé en allumant une cigarette.
--Pourquoi Georges ne loue-tu pas un apparte-
ment ? C' est trop étroit ici. Tu te fais des économies, hein
canaille.
--Tu n'as pas la notion du prix d'un appartem-
ent mon pauvre ami.. Deux sucres comme toujours ?
--Comme toujours Georges.
--Si tu veux rester à Paris, il faut travailler dur. Je me lève à cinq
heures pour commencer à six heures.
--Si tôt ?
--Eh oui. On travaille en équipe. Demain j'irais voir le chef pour
te faire embaucher.
--Tu crois qu'ils vont m'accepter ?
--Je pense, dit'il en posant une tasse devant moi.
--Combien d' économies as-tu fait Georges pendant ces
deux années ? demandais-je après avoir bu un peu de café.
Il alluma une cigarette avant de répondre.
--Presque rien. Je ne travaille que pour payer ce poulailler, les
factures, ma vieille bagnole, et la bouffe.
--Tu ne fais pas un travail difficile alors.
--Ce n'est pas amusant de travailler à la chaîne.
--Pourquoi alors ne gagnes-tu pas beaucoup ?

Moi je veux que tu demandes le travail le plus dur pour moi
pour que je sois le mieux payé, d'accord ?
--Si j'ai bien compris, tu as l' impression qu' en travaillant dur
tu peux gagner plus d' argent ?

--Évidemment. Comment sinon ?

--Écoute Tony. Nous sommes ici comme ouvrier et on ne peut gagner que le petit salaire d' un ouvrier, on est bien d'accord ?

--Je ne comprends pas ce que tu veux dire.

--Je veux dire, que le salaire que tu vas avoir ne te permettra pas de vivre luxueusement, tu vivras simplement.

--Mais tous ces riches, où travaillent-ils pour avoir autant d'argent si ce n' est pas que dans des travaux difficiles ?

--Ce sont des personnes qui ont fait des études voyons. Des directeurs, des ministres, des avocats, des médecins, et autres …

--Tu veux dire que ces gens-là gagnent plus d'argent que toi qui travaille dur à la chaîne ?

--Bien sûr, et de loin.

--Combien de plus ?

--Oh là là… Je ne sais pas moi, peut-être cent fois plus.

--Quoi ? Tu délires Georges. Tu dis n' importe quoi là. Pourquoi gagneraient-ils autant ces fainéants.

--Parce qu' ils ont fait de longues études . Un médecin commence à exercer son métier à trente ou trente cinq ans.

--C'est de sa faute s'il n' apprend pas vite . Un étudiant non seulement il s'amuse avec les filles à l' école pendant qu' un ouvrier transpire au travail, mais il faut aussi qu' il gagne ensuite davantage ? Ce que tu m'apprends Georges est terrible ! Savais-tu cette énorme différence de salaires avant de venir ici ?

--Bien sûr. Tout le monde sait que l' on paie un stylo plus qu'une pioche.

--Et personne ne dit rien !

--On voit bien que dans ton petit village tu vivais à l'état sauvage, moi j'allais souvent en ville.

--Oh putain, qu'est-ce que ce système de merde.

– Que croyais-tu ? Qu'avais-tu imaginé ?

– Moi je croyais que la richesse se mesurait à la sueur versées pendant le travail. Je pensais qu'en venant ici, je pourrai trouver un travail dur, fatiguant, dangereux, sale, n'importe quel, mais qui soit bien payé, et après quelques années je pourrai faire des économies pour vivre ensuite décemment, voilà ce qui était mon rêve, mais après ce que tu viens de me dire j'ai compris que je me crèverai pour rien.

 --Hum, si tu raison ainsi, bien de choses
t' étonneront en ville..

--C' est le monde à l'envers. Fallait-il travailler moins pour gagner plus ? Je n'arriverai jamais à comprendre ni à accepter cette différence de salaires injustes entre les métiers. Pourquoi la théorie est-elle mieux considérée que la
pratique ? Non ce n' est pas juste. Au lieu de récompenser la pénibilité, on paie les fainéants davantage. Il y a de quoi se révolter, hochais-je la tête..

--Je ne pense pas qu' ils sont tous de fainéants les
bureaucrates, mais voilà, ils en profitent du système.
Pourquoi crois-tu que la jeunesse étudie, hein ?

--Pour échapper au travail. Moi aussi je voulais continuer l'
école, mais c' était pour ne pas travailler aux champs et
non pas pour gagner davantage qu'un ouvrier ensuite.

--Ils étudient pour avoir un métier reposant, propre,
agréable, et bien payé en même temps !

--Déjà le fait d'avoir un métier agréable, propre, reposant, je trouve cela suffisant pour récompe- nser les études, mais gagner plus qu'un ouvrier qui fait un travail pénible, je ne suis pas d'accord. Un diplôme ce n' est qu' un papier.
Que peut-on apprendre à faire de concret dans une école autre que de lire, écrire et calculer ? Un métier ça s'apprend sur le tas et non pas dans les livres.

--C'est vrai mais voilà, un intello est plus coté qu' un ouvrier.
C' est le cerveau qui réfléchit, l'intelligence ! disent-ils

--Mon cul. Son intelligence se cantonne aux écritures.
Chacun est intelligent dans son domaine. Il n' y a pas d'
intelligence, il y a la connaissance ou l'ignorance, c'est tout.

--Il est vrai que l'on voit souvent un intellectuel avec un gros salaire faire de grosses conneries.

--Bien sûr Georges. Que crois-tu que fait un… directeur
dans son mois pour mériter un tel salaire ? C' est l'
ouvrier qui fait tout le travail pénible. Depuis quand et qui avait

eu cette idée hallucinante de payer un intellectuel plus qu'un
ouvrier ?

--Tu sais, jadis il n'était pas facile comme aujou-
rd'hui d'étudier, et les diplômés ont été très recherchés pour
le besoin de l'évolution brutale Pour   motiver   donc les
jeunes à étudier ils offraient des salaires alléchants et ces
hauts salaires continuent de nos jours. C'est mal parti dès le
début, tu comprends ?

--Un gros salaire pour étudier ? Ce n'était pas la peine d' offrir
un gros salaire pour étudier car un jeune de toute façon préfère
aller à l' école le plus longtemps possible, plutôt que d'
aller travailler. Tu vois bien que toute la jeunesse « étudie »
soi-disant, et nul ne veut faire de lourds travaux. Tous
exigent d'être bien payés sans   trop se fatiguer, où vont-ils
être placés tous ces intellectuels ?

--Je ne sais pas, ça va être un gros problème.

--Ils seront obligés tous ces diplômés de travailler avec un
salaire d' ouvrier et à n'importe quel poste.

--Cependant, il y a quand même des métiers qui méritent d'
être bien payés, par exemple, je trouve normal qu'un pilote
d' avion gagne plus qu' un balayeur, tu vois bien la
différence de responsabilité de chacun, dit Georges

--Voilà le mot clef de l'injustice : « la responsab- ilité ». Non
Georges , la responsabilité ne doit pas être le prétexte d'un
gros salaire.

 On n' a jamais entendu dire qu'on a coupé la tête d'un
directeur parce que l'entreprise a mal tourné, ni la tête d' un
chirurgien parce que le patient est décédé. Ton pilote ferait-il
moins attention s' il n' était payé que la moitié de son salaire
actuel ? Je ne pense pas. Il fait attention parce qu'il se trouve lui
aussi dans l'avion.

D' ailleurs, le risque d' un métier doit être récompensé
autrement que par le salaire, par exemple   alléger les
heures.   Dans tous les métiers, chacun est responsable de
faire son travail correctement pour garder son poste, c'est
tout. Tout travailleur doit être rémunéré de la même façon car
le prix de la nourriture est le même prix pour tous. Il faut de

tout pour faire un monde. Tout est un métier ou rien n'est un métier.

--Ouais, tu as peut-être raison mais maintenant c'est cela la règle du jeu.

--Je ne joue pas à ce jeu moi Georges, je veux être payé autant que le directeur de l'usine.

-Ah ça...ce n'est pas possible.

--Si tout le monde refusait de travailler pour un tel salaire ton directeur travaillerait à la chaîne

--C'est vrai mais voilà, on a besoin d' argent pour vivre. On ne peut faire autrement que d'accepter.

--Eh bien pas moi. Avant de défaire mon sac, je vais retourner au village.

--Ne dis pas de bêtises. Tu n' as pas fait tous ces kilomètres pour repartir sI vite.

Après tant désir de venir à Paris, tant de rêves !

--Je ne peux pas Georges, désolé. Pour moi, ma religion c'est l'égalité de tout pour tous.

--Allez, me secouant par l'épaule. Pour me faire plaisir, tu vas rester pour travailler un peu et ensuite nous reparlerons de tout cela, d'accord

--Non Georges, je vais partir.

--Même si je te le demande au nom de notre amitié ?

--Hum...Tu le sais que je t'aime plus qu'un frère, hein ? Tu joues ta plus forte carte là.. !

--Ouais, youpi … ! il cria et il est parti préparer le déjeuner...Ici tu seras mieux qu'au village, tu verras, me dit-il de la cuisine

--Si c' était juste pour vivre je serais resté pour cultiver le jardin, maintenant je ne sais que faire, je n'ai même pas d' argent pour repartir.

--Tu n' as pas d' argent ? Tu m' avais dit que t'avais vendu…

--Oui mais, je ne te pas dit qu' un homme s 'est enfui avec l'argent que je lui avais confié avant le contrôle à la frontière.

--C' est vrai ! Merde alors. Heureusement que ton ami est là, hein ? Mais comment t' es tu fait avoir comme cela, toi un garçon intelligent ?

--Je suis trop pur peut-être pour discerner chez l'homme tous ses travers.

--Allez, viens manger . Je t' ai préparé un menu bien français. Que dirais-tu d' un bifteck de cheval avec des endives, du fromage et du vin rouge ?

--Je pense que ça ira, car j' ai une faim de loup.

La soirée passa en bavardant, et peu après en regardant un feuilleton à la télévision, je me suis endormi épuisé par les kilomètres…

Le lendemain matin, lorsque je me suis réveillé, Georges était déjà parti au travail. Je me suis levé pour faire un café. Georges avait déjà préparé une tasse de café soluble avec deux morceaux de sucre, un billet, et à côté sur un papier quelques mots :

« Tu risques de te perdre dans le métro, prends un taxi vers dix heures et donne au chauffeur cette adresse : « Place Balard, usine Citroën ». Tu m' attendras devant la porte centrale de l'usine ».

Sacré Georges, toujours organisé !

Une heure plus tard, j'étais au lieu de rendez-vous.

Peu après, Georges arriva accompagné d' un homme habillé en blouse blanche.

Après avoir échangé quelques mots entre eux, l'homme me serra la main et nous fit signe de le suivre…

Une file d' attente de personnes de tout âge étaient alignées devant le bureau d'embauche.

--Tu vois ces gens-là ? me dit Georges. Ils viennent tous les jours pendant des mois pour se faire embaucher.

--Ah bon ! Moi qui pensais que tous allaient être embauchés aujourd'hui..

--Tu rigoles ? Toi tu as de la chance parce que j'ai arrangé les choses.

Deux jours après, dans une salle immense de l'usine bourrée de machines, je commençais à travailler en compagnie de Georges..

--Combien de voitures peut-on fabriquer ici   Georges ?

--Mille par jour.

--Mille ! Mais où peut-on vendre toutes ces voitures ?

--Et si tu savais qu' il y a d' autres marques en France..

--Cette surproduction sera fatale pour l'ouvrier.

Après avoir appris l' utilisation de la machine concernée, le mois suivant j'étais transféré dans l'équipe opposée à celle de Georges.

Ma première paie, fut destinée uniquement à remplir le réfrigérateur de toutes sortes de viandes et de friandises ! Aucun œuf, oh non, que de la viande ! Je restais médusé devant cette vision de victuailles qui me comblait et dont j'avais tant rêvé depuis mon enfance !

Quand arrive le matin, je prends tôt le métro qui passe à la minute près, dont parfois je dois forcer le passage pour réussir à monter. Le wagon de première classe lui est vide à cette heure-ci, sa clientèle est sans doute encore au lit.

Durant le trajet, la plupart des gens ont les yeux fermés par manque de sommeil, ouvrant de temps en temps un oeil pour vérifier que la station n'est pas dépassée. Des visages en cire, sans expression, l' hygiène même parfois semblait absente.

L'ouvrier : au début il prend un peu de soin de lui, mais ensuite le réveil est retardé jusqu' à la dernière minute, il n'a pas de sommeil à perdre et à quoi bon se soigner pour une heure de trajet puisque de nouveau il va transpirer, tacher son bleu.

Au bout d'une heure de travail j'étais en sueur et je me disais que même après trois kilomètres vers l'Europe, la sueur nécessaire pour gagner son pain n'était pas moindre.

Ce qui me révolte le plus, ce sont les visites de ces messieurs les directeurs qui se promènent dans l' usine en fumant leur pipe les mains croisées derrière le dos.

--Est-ce que tu as une idée de ce que gagne par mois ce gros con, me demanda mon collègue de travail,   un gentil garçon français qui vient souvent me demander si tout va bien.
--Lui en promenade, pas d'argent. dis-je
--Ha, ha...Tu rigoles Tony ? Ça devrait, mais dis toi bien que toi tu devrais travailler pendant cent mois pour gagner son salaire.
--Pardon Paul, moi pas compris.
--Une vie Tony. Toi dix ans de sueur, ce gros con un mois de promenade, argent pareil, t' as compris ?
– Pas croyable Paul.   Et chefs comme étagères : plus haut moins ça sert.
--Tout à fait Tony.

Avec Georges on se voit très peu et encore moins l' occasion de discuter. Quand moi je rentre de mon travail lui est déjà parti. Il ne nous reste que le dimanche pour tout raconter. Tout raconter c'est vite dit, Georges n' aime pas trop parler, il a le tempérament de l' homme indifférent à tout ce qui se passe. Sa   seule passion c' est la télévision et son petit tiercé du dimanche comme un vrai ouvrier parisien.
Georges me l' avait dit dès mon arrivée que
je n'aurai pas le temps de me promener.
Ce dimanche je sortais alors pour découvrir Paris...
Je suis allé dans un quartier où des filles avaient choisi un métier judicieux… Juste pour voir. Je toujours trouvais ça très cher de coucher avec une   prostituée pour dix minutes de plaisir puisque deux heures après on a la même envie.
Je me baladais dans les rues… jusqu' à la place Vendôme…
 Il y avait des bijouteries… encore de bijouterie. Je   m' arrêtais un court instant devant une vitrine pour regarder les prix en dessous des parures exposées… Le 'métal jaune' et la 'pierre   brillante' étaient exagérément surestimés, mais s'il y avait des gens capable de payer de telles sommes pour cela alors pourquoi pas ?
En tout cas, moi je préfère les faux bijoux, aussi jolis !   Je trouve cela idiot de dépenser une fortune pour l'achat d'un

bijou, même ayant les moyens, puisque la qualité n' est pas
visible.

Lorsque j'arrivais à la place de la République, j'aperçus en face
le commissariat de police et une idée me vint à l'esprit ! J'ai
traversé la place pour y aller…

--Moi veux voir chef. dis-je au planton

--C'est pourquoi monsieur ?

--Moi dire à lui. Très sérieux !

--Quel est votre nom ?

--Pourquoi faire ?

--Il faut.

  --Pavlidis, Tony Pavlidis.

--Attendez là. me dit-il et partit au   fond du couloir…
Un policier accompagné d'une femme au visage tuméfié et le
nez caché dans un mouchoir ensanglanté firent leur entrée.

--Faites quelque chose sinon je vais le tuer ce salopard.
disait-elle

--Calmez-vous madame, on va s'en occuper, dit le policier
Le planton était de retour et me fit signe de le suivre… Il me
laisse entrer dans un bureau et partit

--Bonjour méssié,   ai-je dit à l' homme assis derrière un
bureau.

--Bonjour monsieur, asseyez-vous.   Vous avez quelque chose
d'important à me dire. ?

--Oui, moi veux voir président.

--Je ne comprends pas. Vous voulez parler au Président de la
République, c'est ça?

--Oui ; C'est important.

--C' est que... on ne peut pas voir le Président comme cela, il
faut prendre un rendez-vous par écrit avec son secrétaire en
lui expliquant le motif et attendre la réponse.

--Motif ?

--Oh là là… Je ne sais pas si vous me comprenez. Vous venir
avec ami qui parle français d'accord dit-il en se levant
En sortant dehors, le ciel s' assombrit rapidem-
ent et quelques gouttes de pluie dessinaient de la mosaïque sur
l'asphalte…

Le bistrot d'à côté où je suis entré pour m'abriter
faisait salle comble de gens parlant fort et
laissant échapper librement leurs expressions
populaires.
Je me fis une petite place à l'extrémité du bar et commandé un
cognac.
Les deux hommes à côté de moi m'ont jeté un coup d' oeil
puis reprirent leur conversation concernant la petite
chienne que l' un d'eux tenait en laisse.
--Ma gonzesse voulait un gros clébard mâle, mais je préfère
cette petite femelle parce qu' avec les bonnes femmes on ne
sait jamais, hein..
--Arrêtes tes conneries.
--Hum...vaux mieux pas, hein. Je préfère encore que ça soit le
facteur, ha ha.. Et ta femme à toi, elle baise bien elle ?
--J'en sais rien. Y en a qui disent oui, y en a qui disent non…
Un homme ivre entra dans le bistro aux pas instables et cria
en bégayant :
--Vous êtes...tous cocus. J'ai baisé… ma femme.
Je finissais mon verre en laissant quelques pièces sur le
comptoir avant de sortir…
En rentrant à la maison, j'ai trouvé Georges devant l' écran
de la télévision un sachet de chips à la main.
--Salut vieux.
--Alors, monsieur a fait une bonne promenade ?
--C' est peut-être mieux finalement de rester chez soi à
regarder la télé, le monde extérieur m' écœure.
--Ha ha.. Alors assieds-toi et regarde l' écran.
Là dedans on peut voir le monde entier sans bouger.
Je me suis assis près de Georges et je m'allumai une cigarette.
--Comment peut-on voir le président Georges ?
--Le président ? Ils ont sa photographie dans toutes les
mairies.
--S' il te plaît Georges, comment peut-on lui parler ?
--C'est très difficile Tony de parler au président de la
république. Tu veux lui expliquer ta recette pour un monde
meilleur ?

--Oui.

--Ils savent tout ce que tu veux leur dire mais
ils n' ont pas intérêt à les appliquer car eux même font partie
des privilégiés, ils ne sont pas cons.

--Je veux les secouer un peu. Il faut que quelqu' un leur dise que
ce n' est pas normal, que c'est injuste ces grandes différences
de salaires.

--Tu sais que c'est même dangereux ce que tu veux faire ? Tu te
mets dans la gueule du loup. Ils n'aiment pas les contestataires.

--S'il te plaît Georges.

--Essaie déjà de voir un député, ou un « petit » ministre en
faisant une lettre de doléance.

--Et   comment   obtient-on   l' adresse d' un ministre ?

--Peut-être à la mairie, ou à la préfecture.

--C'est toi qui vas t'en occuper, moi je ne parle pas encore
bien le français, o.k. Georges ?

--Tu es têtu, hein ? Je vais essayer mais je ne te garantis rien.

--Une tasse de café à la main, assis près de Georges, j'écoutais
les chansons à la télévision…

--Lui au moins, il gagne son pain à la sueur de son front, dis-
je

--Qui, Johnny ? Avec les millions qu' il ramasse cela vaut bien
la peine de transpirer.

--Quoi, des millions ? Tu disais qu' il fallait avoir fait des études
pour gagner beaucoup.

--Oui mais, il y a aussi des métiers, ou plutôt des activités qui
ne pas nécessaire d' étudier pour gagner beaucoup d'argent.
Comme les sportifs, les chanteurs, les acteurs, les
mannequins, les artistes et autres.Regarde tout ce monde qui
va le voir,tous ces fans qui hurlent d'enthousiasme

--C'est fou ! Ça ne leur suffit pas d' écouter ses chansons
dans   une radiocassette ? Avant on dansé avec les pieds et
maintenant on danse avec les mains.

--Faute de place.

– C'est à cause d'eux qu' il s' enrichit et ensuite ce sont les
mêmes qui vont se révolter parce qu' il gagne trop. Et tout
cet argent est à lui ?

--A qui veux-tu qu'il soit
--A l'État. Voilà l'argent pour le budget de l'État au lieu d'
emmerder les pauvres gens avec les amendes. Il faudrait au
guichet une personne du fisc qui vend les billets d'
entrée et qui attribue un salaire fixe à l' artiste. Ainsi que
dans les stades, ou les salles de spectacles.
--Il arrêta de chanter alors.
--Oh non, ne crois pas cela. Que va t-il faire d'autre de
mieux pour vivre ? Ce n'est pas dépl-
aisant de vivre en chantant.
--Tout le monde ne peut pas chanter.
--Mais si. Tout le monde peut chanter avec un peu d'exercice,
il suffit de trouver le rythme et la musique qui va avec la voix.
C' est la musique qui fait la chanson, aucune voix humaine n'
est comparable avec le son d' un instrument de musique.
--Il est vrai que certains « chanteurs » parlent pour chanter,
mais ça marche ! Tout se vend ! Il y en a pour tous les goûts,
ou plutôt qui n'en ont pas.
--Change de chaîne s'il te plaît sa voix m'énerve.
Sur l' autre chaîne se déroulait la finale de
l'open de tennis..
--Ça te plaît le tennis ?
--Je ne connais pas encore les règles du jeu.
--A la fin du match, le vainqueur va encaisser la somme de cent
mille dollars, tu vois !
--Cent mille dollars pour jouer ! Je vais devenir fou. S'il
touchait que dix mille francs crois-tu qu'il arrêterait de jouer ?
--C'est ça les sportifs ! Es-tu capable de jouer aussi bien ?
--Tu le fait exprès pour m'énerver Georges.
--Non mais réponds -moi.
--Chacun apprend à faire quelque chose dans sa vie   suivant
ses   capacités, ses   moyens, sa situation...Tout le monde ne
peut s'offrir le luxe de pratiquer un sport, ni faire de hautes
études pour devenir un médecin ou un ministre.
Comment peut-on gagner autant d'argent en se divertissant ? Je
n'accuse pss ceux qui touchent cet argent, j'accuse le

gouvernement qui permet de rémunérer ces sommes. Il faut définir un plafond et limiter la richesse, voyons.

--Bon, je vais aller me coucher, dit Georges et il se leva pour se déshabiller.

--Allez, va te coucher. Bonne nuit Fataliste

--Bonne nuit Réaliste.

Le dimanche suivant, je suis allé acheter un costume qui m'avait plu dans une boutique.

--Devine ce que j'ai dans le sac Georges, ai-je dit en rentrant.

--Je n' aime pas les devinettes, dit' il sans se retourner.

--Tu ne peux donc pas décoller les yeux de ce maudit écran deux minutes ? On ne peut même pas te parler.

--Pour parler encore de la société mal gérée ?

--Pour te montrer mon premier costume que je viens d'acheter. Tiens regarde, il te plaît ? lui dis-je en le tenant devant moi.

--Ah il est magnifique ! dit-il après avoir jeté un coup d' oeil. Tu vois, si tu étais resté au village, tu n'aurais même pas eu une paire de chaussettes.

--Avec ça, j'espère faire tomber une fille riche et résoudre ainsi les problèmes de la vie !

--Hum, malgré ton charme, tes chances sont maigres mon cher. Les filles de riches vont avec les fils de riches.

--Et voilà tu vois ? L'argent va à l'argent. Si une fille est riche, pourquoi ne choisit-elle pas un pauvre garçon qui lui sera reconnaissant ?

--Bon, arrête maintenant un peu et regarde dont la télé.

La météo ne nous apprend rien : après la pluie le beau temps.

Ensuite les titres sur l' actualité :

Une banque avait été dévalisée.

Un homme a été assassiné sauvagement à son domicile. Un paisible professeur de géo, sans histoire..

Le président de Tahiti détournait des millions de dollars dans les banques en Suisse.

Un coup de grisou s' est produit dans une mine de charbon à Lille, les ouvriers sortaient en courant paniqués, on ne savait pas encore le nombre de morts..

--Ce sont des Noirs qui travaillent dans les mines ?
--Mais non, ce sont des blancs qui en ressortent noirs comme cela à la fin d' une journée de travail au fond de la mine.
--J' espère, au moins, que ces gens_là gagnent mieux leur vie que celui qui « travaille » dans un bureau.
--Non, ils gagnent comme nous.
--C' est inhumain. Tous les jours, pendant des années, dans de telles conditions, je ne pense pas qu' ils arrivent à l' âge de la retraite les malheureux..Tu vois, moi j'aurais préféré être un ministre avec le salaire d'un mineur, qu' un mineur avec le salaire d'un ministre.
--Écouté, écoute…Augmentation de mortalité en Afrique à cause de la famine ! Oh là là...regarde cet enfant, on voit ses os, il va mourir.
--L' Afrique est un continent d' avenir, mais je n' ai jamais vu à la télévision un africain labourer, et pourtant il y en a des terres pour cultiver. Et pourquoi ne mangent-ils pas de gnous ? Il y en a tellement ! Ils attendent toujours la « manne » du ciel pour manger ?
--Tiens, une manifestation est encore prévue pour dimanche prochain par le syndicat « f.o.«
--Qu'est ce qu'ils revendiquent ?
--Une augmentation de salaire.
--Ha, tu m' étonnes. Tant qu' il n' y a pas un salaire égal pour tous, il n' y aura pas de paix. Tu verras que…
--Eh voilà...C'est reparti...dit Georges en levant les bras. S' il te plaît Tony, je veux passer un dimanche tranquille.
--Si je t' emmerde dis le. J' en ai marre de cette vie à la con. Je ne veux plus me faire exploiter à l'usine. Je vais retourner au village.
--Qu'est-ce que tu racontes, je pensais que tu t'étais habitué.
--Oh non, on ne peut s' habituer à l'esclavage.
Je suis resté parce que tu me l'avais demandé mais j'en ai assez. Pour le travail que l'on fait on mérite une vie meilleure.
--Tu n'es pas bien ici ?
--Non .Cela fait plus d'un an depuis mon arrivée en France et la seule chose que j' ai pu obtenir c'est d' avoir un an de plus,

un costume et trois chemises. Ce n'est sûrement pas avec ce salaire que j'aurai une maison à moi. Le calcul est simple. Ce temps est suffisant pour constater que l'on se crève pour rien, que l'on gâche notre jeunesse. Dis-moi ce que tu as pu faire tout ce temps-là ? Rien.

--La vie est faite comme cela et non pas comme on veut. On a enfanté un monstre que l'on ne peut plus dominer. Il y a des gens qui naissent riches et des gens qui naissent pauvres.

--Justement. Personne ne devrait naître riche. Le successeur d'un riche, il ne doit hériter que d'un toit d'une valeur limité, c'est tout.

--Et celui qui gagne à la loterie ?

--Tant mieux pour lui, il n'aura plus besoin de travailler pour vivre. Mais naître riche ce n'est pas comme s'il avait gagné à la loterie. D'ailleurs, la loterie aussi est mal gérée. Au lieu d'avoir un gagnant avec cent millions, mieux vaut avoir cent gagnants avec un million.

--Mais tu analyses tout toi !

--Eh oui, comme ça me fait de la peine de te voir utiliser dix fois le même sachet de thé jusqu'à ce qu'il n'ait plus de couleur, d'avoir peur de tirer la chasse d'eau, de prendre une douche par semaine et vite fait, de manger des conserves avec du pain congelé, et de…

--De toute façon, le confort et le bien-être ne sont jamais suffisants. On dit : ah si j'arrive un jour à avoir un toit, de quoi manger tous les jours, une voiture, et une télé, je ne désirais plus rien. Et pourtant personne n'a pu se limiter à cela. L'homme n'est jamais pleinement satisfait et heureux parce qu'il lui manque toujours quelque chose.

--Mais nous n'en sommes pas là Georges, nous manquons de tout. Nous n'avons aucune distraction, les jours sont identiques, sans intérêt. A peine touché le salaire il est déjà dépensé. A quoi bon de se crever si ce n'est pas pour faire des économies. Nous n'avons aucun loisir, nous ne pouvons même pas manger ce dont on a envie. Et j'en ai marre de ce trajet maison-usine-maison. Le mois prochain je vais donner ma démission à l'usine et je vais retourner au village.

--Fais comme tu le sens, je ne peux pas mieux faire. Allez,
bonne nuit.

Une semaine après, Georges est entré agitant une enveloppe…
--Voilà la lettre du ministre , me dit-il
--C'est vrai ! Qu'est-ce qu'il dit ?
Georges ouvrit l'enveloppe et commença à lire la lettre…
--Alors ?
--Une seconde…C'est la réponse par sa secrétaire, elle indique
la date pour te recevoir. C' est le… vendredi prochain à
l'Hôtel de Ville, à dix heures.
--Ça marche Georges, je n'y croyais plus. Mais comment as-
tu formulé la demande pour être accepter ?
--Il suffit de dire que l' on détient   la recette pour enrayer le
chômage. C'est leur bête noire, tu comprends ?   Ils ont
même   prévu   un interprète grec.
Le dimanche suivant, après avoir déposé nos courses dans
la cuisine, j' ai dit à Georges :
--Il faut que tu m' aides à répéter mon argume-
ntation devant le ministre.
--Tu n'as pas besoin de moi pour cela.
--Si si, tu vas faire l'avocat du diable pour juger si je peux te
répondre.
--Mais avant tout, il faut préparer à manger, j'ai faim moi.
Une heure après, nous étions assis sur le canapé pour
apprendre ma leçon.
--Alors, monsieur Pavlidis, quelles   sont   vos suggestions ?
dit Georges après avoir allumé une cigarette.
--Voilà, monsieur le ministre. On dit que le poisson
pourrit par la tête et vous êtes tous pourris au
gouvernement avec vos gros salaires
--Tu commence mal, tu vas trop fort. Ils vont te jeter dehors
comme ça. Recommence.
--Monsieur le ministre, voilà : Il faut un salaire égal pour tous.
--Comment ça pour tous !
--Pour toutes professions confondues, du chef de l'État au
balayeur doivent être rémunérés de la même façon.

--Ha, ha… Alors plus personne ne voudra faire des études pour devenir un dirigeant alors, rétorque Georges

– Diriger est plus facile que d' être dirigé monsieur le ministre.

--Tout le monde ne peut être dirigeant.

--Mais si, tout le monde peut être dirigeant avec ses bons conseillers.

--Écoute… Tu ne maîtrises pas encore la langue française. Le mieux c'est d'écrire tout ce que tu as à dire et tu le fais lire au ministre, d'accord ?

--D'accord, oui tu as raison. On va faire cela à la façon de dix commandements. !

Georges est allé chercher quelques feuilles de papier, un stylo, et le dictionnaire…

--Vas-y, je t'écoute.

--Monsieur le ministre,

Qui osera dire haut et fort ce que pense le peuple tout bas ? Qui osera changer le système financier ?

Seul le gouvernement ; gentiment, ou la révolution ; brutalement.

Je vous fait parvenir ici quelques suggestions en bref, comme les dix commandements du pauvre peuple. Pour qu' ils soient appliqués, il faudra que les nantis, dont vous faites partie, soient courageux et réalistes.

1er commandement : Salaire égal pour toutes les professions. Le prétexte de la responsabilité ne justifie pas un gros salaire, et personne ne fait quelque chose d' extraordinaire pour mériter un gros salaire.

Il n' y a pas de poste plus important qu' un autre. Il faut de tout pour faire un monde : de l' agent de l'entretient au chef de l'État.

Ce n' est pas normal qu' un ouvrier, celui qui crée, doit travailler pendant dix ans pour toucher le salaire d' un…p.d.g. Est-ce qu' un poste 'important' serait-il délaissé si le salaire est moindre ?

Le prétexte d'avoir fait des études pour mériter un gros salaire
est injuste. La récompense des études doit être d'exercer un
métier que l'on
a choisi, que l'on aime, agréable, propre, reposant,
facile et aisé, ou sans risque, et non pas pour gagner plus
d' argent que dans
n'importe quelle autre profession.
2ème commandement ; Plafond ou limite à la richesse.
Il faut définir un plafond suffisant pour vivre décemment et
établir une limite à la richesse.
Les revenus ou les bénéfices qui dépassent ce plafond
doivent être imposés ou confisqués pour le budget de l'État.
La limite à la richesse permettra à tous de vivre décemment
<u>sans du surplus inutile,</u> en évitant ainsi les conflits sociaux
et en assurant la paix .
Personne ne doit naître riche. Ce n' est pas normal qu'
un nouveau-né naisse dans un berceau en or, alors qu'un
autre est abandonné parce que les parents ne parviennent pas à
le nourrir.
Un héritier, n' aura pas le droit de toucher l' argent du
défunt, ni de droit d' auteur. Il n'aura droit qu' à un toit
d'une valeur limitée, c'est tout.
  A aborder également la construction de logements pour
sédentariser obligatoirement les gens errants ; Gitans,
Tsiganes, Manouches, Roms, Clochards…Chaque individu doit
avoir un toit et une adresse.
3ème commandement : Une pension égal pour tous les
retraités.
La retraite à 6Oans pour les métiers pénibles, et la retraite
obligatoire à 67 ans pour tous sans le droit d'exercer une activité
professionnelle.
L' obtention d' une grosse pension de retraite venant d'un
gros salaire est injuste. Avoir eu un gros salaire pendant la vie
active est déjà un privilège en soi, d' où la nécessité d' un
salaire unique.
Toute personne à l' âge de sa retraite perd son statut de vie
active et devient retraité, il ne doit donc toucher une pension

égal pour tous. Comme toute personne qui perd son emploi, perd aussi son statut de vie active et devient chômeur, il touchera donc les indemnités du chômage égales pour tous.

L' argent pour une pension de retraite égale et correcte pour tous, on le trouve en imposant plus les fortunés et ceux qui ont un salaire trop élevé comme les sportifs, les chanteurs, les acteurs, et autres… On le trouve également, en supprimant les allocations familiales par rapport au nombre d' enfants, en taxant de manière plus importante les produits de luxe, et les ventes aux enchères… En évitant les dépenses inutiles de l'État, et autres…

4ème commandement : Enrayer le chômage.

Chaque actif doit travailler une demi-journée par jour. Cela libérerait ainsi autant de places à d'autres personnes qui cherchent du travail. Pour l'entreprise qui le souhaite, il peut y avoir deux équipes par jour.

Cela avantagera la qualité du travail, et laissera du temps pour la vie privée, sinon on passe le plus claire de sa vie au travail.

--Est-ce qu'on peut arrêter un peu pour reposer mes doigts et fumer une cigarette ?

--Si tu m'en offre une…

--Tes idées ne sont pas mauvaises mais elles sont utopiques, dit Georges après avoir allumé nos cigarettes.

--J'ai tellement de choses à dire...Rien ne va sur cette Terre.

--Tu te fais des illusions. Après les avoir lus, il jettera tes feuilles à la poubelle.

--Peut-être, mais au moins j' aurais vidé mon sac

--Bon allez, on continue qu'on en finisse, je ne veux pas rater mon feuilleton.

--5ème commandement : Le « Sénat » doit être remplacé par un « comité officiel du peuple »

par des sages pour pouvoir définir un salaire égal pour tous. Pour pouvoir contrôler le gouve- rnement, les salaires, les dépenses publiques, les finances, les comptes bancaires…
Pour

défendre le pauvre et le démuni. Pour écouter le peuple constamment sur ses idées, ses remarques, ses constatations, ses contestations, ses suggestions, ses opinions, et autres…

6ème commandement : Toute activité publique d'entrée massive : spectacle sportif, artistique, concert, et autres… doit être considérée comme un métier avec de prestation fixe et unique pour les acteurs.

7ème commandement : Exiger l'uniforme dans les écoles, et la tête découverte.

Les connaissances et la conduite des élèves doivent être prises en compte durant toute l'année sans les examens à la fin de l' année scolaire.

L' image parlant plus que les mots, il faut installer l' audiovisuelle dans les écoles pour présenter aux élèves les professions existantes afin que chacun puisse choisir le métier qui lui convient à son orientation de son plus jeune âge.

8ème commandement : L' arrêt de l' allocation familiale sur le nombre d' enfants. Les aides allouées aux familles démunies doivent être données sous forme de chèque-service pour usage vital : logement, alimentation, soin, et autres…

Tout corps médical doit être composé de fonctionnaires au service du peuple avec un salaire fixe.

9ème commandement : L'arrêt de la délivrance d' une carte d' identité de nationalité française pour un étranger. Ainsi qu' à son enfant né sur le sol français.

En cas d' un mariage avec une personne franç- aise, l'obtention d'une carte de mixité.

Interdiction de la promotion d'un étranger à un poste dans l'administration.

10ème commandement : L'écologie ne doit pas être un parti politique, il y a le ministère de l'environnement pour cela. Les bouteilles et les sacs en plastique dans la nature ce n'est peut-être pas joli à voir, mais ils ne polluent pas l'environnement.

Rendre l'indépendance aux îles sans intérêt qui coûte cher aux contribuables.

Suppression de la subvention d' une activité si elle n'est pas viable financièrement.

Encourager le désarmement.

Interdiction de la prolifération de la grande distribution. Mieux vaut avoir cent boutiques qu'un supermarché. Mieux vaut faire vivre cent familles que d'enrichir une personne.

Interdiction de la surproduction. Mieux vaut avoir cent ateliers qu' une usine. Mieux vaut avoir cent éleveurs qu' un grand exploitant.

Les bénéfices d' une entreprise doivent être attribués aussi aux salariés et non seulement aux actionnaires.

Si l'État se dit séparé de l'église, alors il ne doit pas y avoir de jour férié religieux au niveau national dans l'année.

Interdiction du cumul des mandats.

Interdiction de l' importation. (sauf nécessité).

Il faut et on peut fabriquer de tout en France pour donner un emploi à la population.

Interdiction de surenchérir sur le talent d' une personne au-delà du salaire unique.

Interdiction d' une activité malsaine comme la prostitution incontrôlée, les sectes, l'astrologie et médium, les jeux du hasard, et autres… ainsi que les publicités mensongères.

Interdiction de la projection de films violents.

Interdiction de la fabrication de boissons à haute alcoolémie, des drogues et des cigarettes.

--Ne dis pas ça, nous sommes de fumeurs… dit Georges

--Quand on ne trouve pas, on ne fume pas. C'est de l' hypocrisie de laisser fabriquer des choses nuisibles à la santé.

J'ai remarqué aussi Georges que la France fait des constatations plutôt que des mesures d'acti- ons pour la prévention.

--Bon, si tu as fini, on va se coucher. Demain c'est lundi et il faut se lever tôt, dit-il et se leva pour se déshabiller…

--Non, je n' ai pas fini, il me faut la nuit entière.

--Ce n' est plus les dix commandements, c'est un roman-fleuve… Allez, bonne nuit Réaliste.

--Bonne nuit Fataliste.

Vendredi matin, dans mon lit, je regardais Georges préparer sa gamelle avant de partir à l'usine…

--Allez, va mon p'tit chien et donne ta papatte à ton maître et tu auras ton sucre.

--Si tu veux être à l' heure à ton rendez-vous il faut que tu t' habilles maintenant. Ça fait un bout de chemin à pied jusqu'à l'Hôtel de Ville.

--Aujourd'hui Georges je vais prendre un taxi,
je vais arriver comme il se doit.

--Ah bon !

--Ça va chier Georges. Grâce à moi le petit paysan inconnu, ça va changer la face du monde Je vais être un héros vivant ! Et plus tard, on verra ma statue sur la place de la Bastille ! Je suis l' étincelle qui peut brûler la Terre entière ! ai-je crié en levant les bras..

--Oui c' est ça. Essaie d' être modéré dans tes propos et évite les reproches qui dérangent, o.k. ?

--Ne t'inquiète pas. Je vais juste lui remettre les dix commandements. De toute façon, à la fin du mois je repars pour la Grèce j' ai déjà donné mon préavis à l'usine. C'est décidé.

Vers dix heures, j' étais accueilli à l' Hôtel de Ville par un homme en livrée qui me conduisit dans un salon où un homme se tenait assis derrière un énorme bureau.

--Asseyez-vous monsieur Pavlidias, dit_il me montrant un fauteuil. Alors, vous désiriez parler à monsieur le ministre ?

--Vous n'êtes pas le ministre que…

--Pas tout à fait. Monsieur le ministre est tellement occupé que j' ai bien peur qu' il ne puisse vous recevoir.

--N'ayez pas peur.

--Vous pouvez me confier ce que vous voulez et je vous promets de lui faire part, me traduisit l'interprète grec.

Je me grattais la tête embarrassé…

--Dis à ce monsieur que j' ai préparé ici les dix commandements du pauvre peuple que je représente, et que s' ils sont appliqués, nous pourrions vivre tous en harmonie.

L' interprète répéta ce que je venais lui dire, ce qui fit sourire le conseiller..

--On va les étudier, monsieur Pavlidias, me dit-il en se levant..

--Surtout les appliquer, commençant par le salaire égal pour tous. Moi après un mois de sueur je gagne mille deux cent francs à peine par mois, Quel est le montant de votre salaire assis derrière ce bureau, peut_on savoir ?

– Mon salaire ? fit-il après avoir écouté l'interprète... Je n'en ai aucune idée, demandez cela à mon comptable.

--Bien sûr...Vous gagnez tellement d'argent que vous ne savez même pas combien. Si vous êtes là, c'est grâce au peuple et c' est au peuple de définir votre salaire et non pas entre vous. Je me demande bien ce que vous faites en cravate dans la journée pour gagner autant.

--Ne vous égarez pas monsieur Pavlidias.

--Arrêtez de considérer le peuple comme vos esclaves, vous serez en plein désarroi si vous êtes arraché à votre univers.

--En démocratie, et surtout en France, on n'empêche personne de devenir riche, mais cela ça se mérite monsieur Pavlidias.

--Vous étiez déjà riche avant que vous ne soyez né, je suppose, vous le méritiez peut-être ?

Arrêtez ce système de privilège de génération en génération. Vous continuez à vivre et à gouverner avec les mêmes méthodes et conditions depuis le temps de rois mégalomanes.

Vous vivez hors réalité, c' est intolérable. cela a assez duré. Le pauvre peuple est patient mais il a des limites, et s'il se révolte encore, ce ne sera pas que la prise de la Bastille mais cette fois-ci vous allez disparaître.

--Est-ce une menace ?

--Oui.

--Attention à ce que vous dites Pavlidias.

--Ce sera un vrai changement ! Vous allez devenir pauvres et nous les riches ! Comme ça, vous   verrez comment nous vivons. Le gouvernement est élu par le peuple au service du peuple et non pas le peuple à son service. L'argent que l' État possède est suffisant pour que tout son peuple vive décemment, veuillez donc à ce qu'il soit partagé équitablement.

Au revoir monsieur Pavlidias,fis-je me moquant de lui et je suis sortis prestement sans me faire accompagner...

Chapitre IV

Le dernier dimanche avant mon départ pour la Grèce, après m' être bien brossé les dents et avoir mis mon beau costume, j' ai pris le métro jusqu' aux Champs-Elysées...

La soirée était douce et les filles se promenaient vêtues de robes légères ce qui les rendait belles

d'ailleurs, l'été aucune femme n'est vilaine.

Je montais la belle avenue... Il y avait des banques... des cafétérias... des restaurants...

des assurances... des salons d' exposition... des cinémas... et encore des assurances...

J'avais soif et mal aux pieds...

Malgré mon manque d' attrait pour le luxe, je suis entré timidement dans un salon de thé qui se trouvait à proximité et m'installais près de la porte.

Le salon était décoré avec goût ! Les abats-jour disposés aux quatre coins recouverts de tissu rouge, rendaient l' atmosphère intime. Sur la plupart des tables dont reflétait la lueur d' une bougie étaient occupées par la clientèle féminine d'un certain âge, tandis que d'autres tables étaient en réservations. La présence d'un jeune homme au fond de la salle me rassurait sur le fait que la maison n' était pas exclusive-ment réservée aux femmes.

Assise face à moi, une dame âgée ne cessait de me regarder
depuis mon entrée…

Malgré l'épais maquillage destiné à cacher ses rides je lui
donnais facilement soixante dix ans. Ses   lèvres   élargies
maladroitement   par   un rouge vif, n'arrangeait rien.

Le plus amusant c' est qu' à chaque fois que je tournais la
tête vers elle, elle me souriait… Je désirais une femme mais
pas de son âge.

Lorsqu' elle me sourit de nouveau, j' eus un sourire
ironique pour mettre fin à cette scène, mais ceci pour elle ne
fut qu'un encouragement car elle appela le garçon pour lui dire
quelque chose à l'oreille. Après quoi, celui-ci arriva peu après
vers moi avec un verre de scotch qui m'était destiné.

--De la part d' une admiratrice, monsieur. Je vous souhaite
une bonne soirée, me dit-il

J'ai regardé vers elle, et elle me montra alors le fauteuil à côté d'
elle, ce qui voulait dire qu' elle m'y invitait.

Il n'y avait pas de doute : je plaisait à madame.

Quel dommage qu' elle ne fut pas plus jeune d'autant plus
que tout sur elle montrait qu'elle était riche !

Une dame âgée qui cherche, sans doute, un gigolo…

Beaucoup de jeunes ont vécu une vie de rêve avec de vieilles
belles…Si elle était riche je pouvais alors imaginer et y
entrevoir des opportunités.. !

Ce sont des choses qui arrivent, pourquoi pas à moi ? C'était
peut-être là la chance de ma vie ..!

Je m'approchais d'elle l'air détaché…

--Bonjour madame. Mon nom est Tony, je me présentais et
embrassais la main qu' elle me tendait

--Asseyez-vous cher Tony. J'aime votre nom. Je suis la veuve
du colonel Ricardieu, vous pouvez m'appeler Mona. Cher
Tony, je ne vous cache pas que lorsque je vous ai vu,
j'eus le désir et l'espoir de faire votre connaissance.

--C'est mon désir également madame.

--Cependant je tiens à vous préciser que je ne suis pas une
femme aventurière comme vous vous êtes peut-être imaginé.

Il suffit de vous dire que j'ai déjà repoussé plusieurs

propositio-   ns de jeunes de votre âge. Mais… sans
vouloir faire de compliment, vous êtes… je ne sais
comment dire...comme un coup de foudre ! Vous rendez-vous
compte, à mon âge… Oh, veuillez m'excuser, je vous
fatigue avec tout cela.
--Je vous en prie, madame.
--Mona, tout court
--D'accord, madame Toutcourt.
Mona éclata de rire…
--De quel pays êtes vous Tony ?
--De Grèce.
--Ah, vous êtes grec ! J'adore la Grèce ! Pourtant je n'ai jamais
eu l' occasion de la visiter malgré mon désir de la connaître.
Depuis quand êtes-vous en France ?
 --Depuis plus d'un an.
--Et où travaillez-vous ?
 --Je… cherche du travail.
--Veuillez m'excuser, je pose trop de questions.
--C'est normal madame, puis ça me fait plaisir de vous
écouter.
--Cela m'enchante ! Vous savez Tony, je serais très   flattée
si vous acceptiez de me rendre visite chez moi.
--Ce sera avec plaisir !
Elle a pris alors ma main entre les siennes en me regardant
dans les yeux comme une fillette qui tombe amoureuse pour
la première fois d'un sérieux qui ne laissait aucun doute sur
ses sentiments.
--Vous vivez seule ? demandais-je
--Toute seule. Si cela vous convient, je vous attendrai
chez   moi demain vers dix-sept heures, me dit-elle et elle
me remit sa carte de visite.
 Je pris la carte et lui donnais mon accord d'un baiser sur la
joue.
Après avoir discuté encore un peu, nous nous sommes   séparés
d' un baiser furtif sur la bouche.
En sortant, je me sentais léger comme si j'avais des ailes ! La
nuit était entamée et les néons multicolores   allumés rendait

la belle avenue féerique et irréelle ! Paris était sans doute la plus belle ville du monde !

En allant vers le métro, je regardais les gens chercher vainement une place pour garer leur voiture… les longues files d' attente devant les guichets des cinémas… les restaurants combles de gens dînant au visage souriant donnant l'impression d' être sans soucis… La vie d' une ville. Pour certains une soirée semblable aux autres, pour moi une soirée spéciale !Une soirée qui va peut-être me permettre de réaliser un rêve : être riche !!

De retour à la maison, je retrouvais Georges à la même place que lorsque je l'avais quitté !

--Je parie que tu as pissé dans ta culotte, dis-je

--Je me retiens pour voir la fin du film.

--Moi aussi j' avais hâte d'arriver à la maison.

--Si tu as faim, je n'ai rien préparé.

--Je m'en doute puisque tu n' as pas bougé.

Ce n' est pas grave, c'est moi qui vais dresser la table. Enfin, dresser la table c' est trop dit, je vais faire chauffer une boite de cassoulet et voilà.

--Tu me parais bien gai ce soir, une connaissan- ce peut être ?

--Demain Georges je n'irais pas à l'usine.

--Tu n'es pas malade !

--Non non..Je vais aller me promener.

--Tonyyy...fit-il en me fixant. C'est la première fois que tu essaies de me mentir, je le sens.

--O. k. Georges. C'est que… je ne peux rien te dire encore.

--Alors j'attendrai. J'espère seulement que cela vaut bien une journée de travail perdue.

Le lendemain matin, je me suis réveillé en même temps
que Georges. Je le regardais boire son café en lampées
successives tout en essayant de boutonner sa chemise de sa
main libre…

--Bon, moi je retourne au travail. N'oublie pas d'éteindre la
plaque chauffante après ton café.

--Allez mon petit chien , va voir ton maître.

--Quand tu auras faim, tu trouveras toujours quelque chose
dans le frigo, me dit-il de la porte avec un regard qui en
disait long..

En fin d'après midi, peu avant dix sept heures, je sonnais chez
Mona.

En bordure du bois de Boulogne, caché par de vieux arbres,
le pavillon Ricardieu rappelait une hacienda. La peinture à
l' extérieur était détériorée mais ceci apparemment n'était
pour elle qu'un détail secondaire.

La porte s'ouvrit et Mona apparut en robe de chambre.

--Mon cher Tony, entrez donc, me dit-elle avec joie en me
montrant l'intérieur.

Je rentrai, et elle referma soigneusement la porte derrière
elle.

L' intérieur était luxueux ! Une demeure grandiose pour
une seule personne. J'ai dès lors pensé que le colonel avait été
trop bien payé.

--Venez, je vais vous la faire visiter.

Me prenant par la main, nous avons traversé   le hall décoré
de plantes exotiques, de statues, de vieilles armes suspendues
au mur…

Le salon, immense aussi, était encombré d' un nombre
incroyable de bibelots,   statuettes, vases, et autres objets
hétéroclites qui à mes yeux n'avaient rien à faire en cet
endroit. Les murs étaient couverts de velours, tandis que l'
épaisse moquette au sol étouffait nos pas pendant qu' elle
me découvrait les styles des meubles concernant chaque
époque…

Moi qui dans mon petit village n' avais jamais attaché
d'importance à ce genre de choses. Tout cela était tellement
beau, tellement précieux que je ne savais où il fallait mettre
le pied ni où m'asseoir. Je me sentis mal à l' aise...
 Un canapé en osier garni de coussins moelleux était disposé
pour se relaxer, et au dessus de lui un magnifique tableau
décorait le mur.
--Qui en est le maître ? demandais-je montrant le tableau.
--Une reproduction de David, me dit-elle
--Ça c'est un peintre ! J'admire bien davantage le faussaire
pour reproduire à la perfection une telle réalisation ! Un vrai
artiste ! dis-je en m' approchant pour admirer les détails
d' un travail de qualité .. !
--Par contre, celui-ci est une œuvre originale, me dit-elle en
me montrant un autre tableau de l'autre côté de la pièce.
--Ce gribouillage ? Je pensais que vous l' aviez fait vous
même quand vous étiez en maternelle.
--Ce...gribouillage est un Picasso !
--Picasso ? Je croyais que c'était un peintre moi
C'est un peintre en bâtiment alors.
--C'est un artiste peintre, un grand maître !
--S'il fait de telles peintures, il est loin d' être un artiste.
Peinture cela veut dire détails et précision et non pas un œil
sur le cou et l'autre sur le ventre. Comment peut-on savoir s' il
est réussi dans la mesure où la finalité est hors réalité ?
--C' est de l' art moderne, disent-ils. J' eus la chance de l'
acquérir aux enchères au bien séduisant prix <u>de</u> quatre-
vingt-dix mille francs seulement.
--Seulement...Sinon quel est son prix normal ?
--Ah ça...Je n'en ai aucune idée. C' est l'expert qui définit
l'authenticité et le prix.
--C'est l'expert qui est un idiot authentique.
Nous avons tous des désirs sur cette Terre mais l' argent n' a
pas la même valeur pour tout le monde. L'injustice a divisé
les gens en deux catégories, de ceux qui affirment « c'est
cher, mais c'est beau » et à ceux qui répondent : « c'est beau,
mais c'est cher »

Une énorme bibliothèque recouvrait une grande partie du mur avec des livres aux couvertures dorées !
--Je vois que vous possédez de beaux livres !
Moi je ne lis que des livres de poche. Ah si je pouvais lire en français.. !
--Oh, ils ne sont là que pour décorer la pièce. J'avoue que je n'ai pas la patience de les lire, je m'y perds dans toutes ces pages avec les grands mots de ces « grands écrivains ».
Quand j'ai envie de lire, j'achète aussi tout comme toi un petit livre.
Nous sommes passés dans la pièce contiguë..
--Ici c'est la salle à manger. Nous ne l'utilisions qu' à l'occasion, quand mon époux invitait des amis, quotidiennement nous mangions dans la cuisine, surtout maintenant que je suis seule...
.Nous n' avions pas pu faire d'enfants, voyez-vous.
--Vous auriez aimé en avoir un ?
--Oh oui ! dit-elle hochant la tête. Que vais-je faire de cette grande maison et de mes biens ?
--Eh bien, maintenant que je suis là, vous n'êtes plus seule !
--Oh Tony...Vous me rendez heureuse ! Je n' ai plus honte d'avouer que l'on tombe amoureux à mon âge.
--Pour l'amour il n'y a pas d'âge Mona, c' est le coeur qui compte, et à mes yeux vous en avez un de vingt ans.
--Vous êtes gentil Tony. me dit elle en posant sa tête sur ma poitrine. Tony, cela me rendrait vraiment heureuse si vous acceptiez de venir vivre avec moi ! Qu'en dites vous ?
--Ce sera un bonheur partagé !
--Oh mon Tony ! Alors quand cela serait-il possible ?
--Dès demain si vous voulez, je n' ai qu'un sac.
La chambre d' ami, une pièce plutôt petite envahie par un énorme lit, sentait le renfermé.
-Elle sera ma chambre, je suppose.
--Tu penses sérieusement que je vais te laisser dormir seul ? me dit-elle en me tirant par la main dans une autre pièce pour me montrer notre lit en commun...

En rentrant à la maison, j' annonçais la nouvelle :
--Georges mon ami, dès demain je vivrai avec une vieille ! ai-
je dit enthousiasmé comme si je disais demain j'irai avec
Raquel Welche.
--Avec une vieille ?
--J'irai vivre chez elle en gigolo. Elle est riche et sans héritier,
tu comprends ?
--Ah bon ! Tu ne pars donc plus pour la Grèce ?
--Pas tout de suite. Je vais d'abord voir comm- ent cela va se
passer avec madame. J' espère que ce ne sera pas très long
le temps qu' il faut pour lui soutirer de l'argent.
--Tu cherches l'argent facile, hein ?
--Le génie vient de la misère. Dans la jungle d' une ville,
je savais qu' il y avait une bonne façon pour trouver de
l »argent !
--Tu crois qu' elle va te donner tout de suite sa fortune ?
--Tout le secret est de gagner sa confiance et le reste arrivera
vite.
--Tu vas jouer l'amoureux docile ?
--Ben oui.
--Je comprends maintenant tes sorties.. Tu l' as découverte,
sans doute, dans un de ces salons où les dames âgées
recherchent un gigolo, n'est ce pas ?
--C'est exact. Tu es au courant de tout, je vois !
Mais je ne sortais pas pour ça, les choses sont arrivées
toutes seules, par hasard, et comme elle est riche, j' ai pensé
que c' était peut-être une occasion en or !
--Tu fais des bêtises. Tu risques de gâcher ta jeunesse
auprès d'elle dans l'espoir..
--Je vais essayer Georges et on verra bien, de toute façon je
n'ai rien à perdre. D'ailleurs je ne fais de mal à personne, je
ne fais que du bien plutôt, non ?
--Reste à l'usine Tony, c'est là ton avenir..
--Ne me parle plus de l'usine, il y a beaucoup de vieilles belles
à Paris. Tu devrais tenter aussi ta chance.
--Hum, parmi tous ceux qui ont cherché

l' argent facile, beaucoup sont derrière les barreaux ou morts..

--Tous les misérables ont le même esprit que toi. Tu n'as donc pas encore compris que dans ce monde mal fichu chacun doit se démerder comme il le peut ? Pourquoi n'essaies-tu pas toi aussi de sortir de ton ornière ?

--Je préfère travailler à l'usine.

--Tant pis pour toi alors. Pour moi, c' est fini l'usine, fini le réveil terrifiant, fini la vie à la con.

--Tu es un fainéant.

--La fainéantise est davantage de nature masculine mais personne ne travaille pour le plaisir. C'est grâce aux fainéants que l' on a pu obtenir quelques augmentations. Les fainéants comme moi, ne veulent pas travailler pour des clous.

Le lendemain, je m' installais chez madame Mona…
Les affaires allaient bon train comme je le souhaitais car elle m'a assuré qu' il n' était plus la peine de chercher un travail, et que chez elle j'étais chez moi. !
Je vous assure, c' est autre chose de pouvoir bien vivre sans travailler. Chaque jour est une fête ! Dimanche ! Pâques ! Noël ! Je ne me lève que lorsque je suis lassé du lit, que le petit déjeuner est servi, et m' habiller pour me promener.. ! Effectivement, des gens vivaient de cette façon toute leur vie durant.
Désormais, moi aussi je vivrais comme eux et encore mieux si j'arrive à soutirer tout l'argent de la p'tite dame. Pour cela je me fais confiance c'est une question de temps. Pour réussir dans la vie il faut être ambitieux, fonceur, malin ! Finalement, entre le malheur et le bonheur il n'y a pas si grand écart, il suffit de réfléchir un peu. J'étais certain que je réussirai en ville. Georges serait jaloux de moi, c'est certain, mais ce ne sera pas faute de lui avoir dit d'essayer.

Quelques jours plus tard, après m' être habillé comme un Lord, je passais le voir.

--Alors Casanova ! fit-il en m' examinant de la tête aux pieds avec un sifflement admiratif ! Dis donc, on dirait un homme d'affaires !

--Mais je suis un homme d'affaires..

--Si j' en juge par la tenue, ça va plutôt bien, hein ?

--Je vis comme un pacha Georges. Le héros est mort et sa veuve profite de la vie avec un jeune homme, elle a raison, non ?

--Mais chez la femme le désir sexuel ne s'atténue pas avec l'âge ?

--Sans doute que non, elle me le demande tous les jours, elle va me tuer !

--Ah bon ! L'argent ne se gagne pas facilement, tu vois ? Allez racontes…

--Elle est follement amoureuse de moi ! Elle n' achète jamais quoi que ce soit sans me demander auparavant si cela me plaît. Regarde moi ! Les costumes sur mesure !   Les chemises et les chaussures de marques !

--Et toi comment te comportes-tu envers elle ?

--Ce qui compte pour elle, c'est de faire l'amour le plus souvent possible, c'est incroyable autant   d'envie pour son âge !

--Mais on arrive à faire l' amour tous les jours avec une femme âgée ?

--On arrive si le cerveau n'est pas préoccupé par des soucis. Elle fait tout ce qu' elle peut pour me plaire. Tony chéri, me dit' elle, tout ce que je possède sera à toi si tu es gentil avec moi.

--Ça commence bien.. !

--Je me fous de l'argent, je lui réponds.

--Malin…

--Elle insiste à ce que je passe mon permis de conduire pour pouvoir se promener en voiture.

--Elle a une voiture ?

--Celle de son mari, une grosse limousine bâchée dans le garage.

--Passe ton permis déjà.

--Je ne veux pas faire son chauffeur et m' emmerder avec les bagnoles, j' en profite autrement. Quand on va au restaurant je commande des choses qui sont réservées aux riches ! C'est maintenant que je découvre le goût du caviar et de la truffe et je me demande pourquoi on le paie si cher..

--Parce qu'il n'est pas à la portée de tout le monde..

--Ça doit être ça. Pour les riches, quand c'est cher c'est bon, mais c'est ridicule le plat que tu mange au restaurant du coin à 10 francs de payer le même plat 100 francs ailleurs. En tout cas, l'argent c'est le bon Dieu qui ouvre toutes les portes !

--Que compte-tu faire ? Moi je ne vois pas comment tu pourras lui soutirer une somme importante, tu vas passer ton temps avec elle pour rien..

--Oui, c'est délicat. J'ai déjà réfléchi à cela figures-toi, et j'avoue que ce n'est pas facile. Peut-être que j'arriverai à la convaincre d'acheter quelque chose à mon nom, mais encore il faudra que l'occasion se présente... Bon allez, je te laisse maintenant car elle

m'attend pour aller dans un restaurant grec.

De toute façon je te tiendrai au courant.

Chapitre V

Au mois de Juillet, tout Paris est sur les routes pour ses sacrées vacances...

--Nous allons partir aussi à Concarneau, me dit Mona. Et comme chaque année, nous serons avec la fille adoptive de ma sœur disparue et son mari. Ils viennent d'Alsace, là où je suis né. Elle ne peut avoir d'enfant mais cela ne veut pas dire qu'il faut la courtiser..

--Je n'ai rien dit .

--Bon. Je pense que tu aimerais venir avec nous.

--On est bien ici.

--Tu plaisantes ? Dans la pollution..

--Pendant ces deux mois Paris est presque propre.

--Nous allons nous baigner dans la mer ! Voir la nature.. !

Je n'avais pas vraiment besoin de cela, mais il fallait faire
plaisir.
--Je n' y vois aucun inconvénient puisque c' est toi qui paies.
Elle m'a fixé du regard mais n'a rien dit.
--Je ne savais pas que tu avais une nièce.
--Nièce...si on peut dire…

Deux jours après, les neveux d'Alsace sont
arrivés avec leur voiture .

Mona me présenta comme son ami sans hésiter étant pour elle
la chose la plus naturelle et nous nous sommes serré la main..
La nièce, femme d' une quarantaine d' années, grande, pas
spécialement belle, mais avec des yeux coquins et d' une
allure un peu vulgaire, parlait plus fort que son mari avec un
accent du pays.
Lui, blond comme un Nordique, joues roses comme celle
d'un gros bébé, ventre gonflé de bière, et une bouche tirée
d' un côté dans un sourire constant qui donnait l' impression
qu' il s'amusait avec tout ce qu'il voyait autour de lui. Il avait
soif et demanda s' il y avait de la bière dans le réfrigérateur.
Le lendemain, le soleil était déjà haut quand nous avons pris
la route…
Tout montrait que la journée serait chaude.
Je n' avais jamais vu auparavant tant de voitures sur
les routes .. !
Deux heures s'écoulèrent et nous étions encore aux portes de
Paris…
La nièce parlait tout le temps ce qui rendait la chaleur plus
intense. Une vive discussion entre elle et son mari tourne vite à
une dispute.
--Imbécile, si tu n'avais pas raté la porte de Clichy nous
serions bien loin maintenant.
Ça fait deux heures que tu tournes en rond.

--Tu dis des conneries, je cherche l'autoroute, mais tu ne sais
rien faire d'autre que gueuler.
--Sors déjà de ce maudit périphérique et on verra après.

Une heure plus tard, on roulait plus vite sur l' autoroute jusqu' au moment où l' on se trouvés derrière une file de voitures à l'arrêt.

--Un terrible accident s' est produit, nous informe le conducteur qui nous devançait, tandis que son fils très fier, nous disait que son père était en tête de toutes les voitures qui se trouvaient derrière.

La nièce s'éventait à l'aide d'une revue…

Le neveu soupirait aussi en disant :

--C'est pas possible.

Je ne saurais dire s' il s'agissait de la chaleur ou de l'encombrement.

Mona ne disait rien, elle attendait que la situation s'améliore…

Moi, j' aurais préféré être ailleurs. J' entends encore la voix du chef avant la fermeture annuelle de l'usine.

--Allez y en vacances, vous aurez ensuite onze mois pour vous reposer.

Après une heure d'attente, la route est redeve-nue à nouveau libre…

Quand nous arrivâmes à Concarneau, les rues étaient envahies de voitures qui circulaient en tous les sens et le neveu répéta son éternel rengaine :

--C'est pas possible.

La maison qu'ils louaient avait deux chambres, une petite cuisine, et un grand jardin.

Le soleil était couché, mais ils se sont déshabi-llés ne gardant que le slip. Moi j' ai dit que je n' avais pas très chaud et Mona fut d' accord avec moi.

Après avoir dîné et discuté un peu, nous nous sommes couchés tôt épuisés par le voyage…

Le lendemain, nous sommes partis pour la mer.

Une brise gardait la mer éveillée mais cela semblait ne pas gêner les baigneurs. La plage était déjà comble de

personnes de tous âges, et les cris d'enfants la rendait encore
plus dense...
Mona déjà prête, vêtue d' un maillot de bain rose vif qui
me parut un peu large plongea la première dans l'eau..
--Tu viens Tony ? me lança t-elle
J'avançais dans l'eau à contre-coeur… Je n'aime pas   trop
me baigner dans la mer. La seule pensée que toute la saleté
du monde se dévidait là-dedans me retenait hors d'elle.

Je regardais la nièce devancer son mari dans un bikini qui me
parut bien étroit, elle était charmante.
--Tu veux m' apprendre à nager   Tony ? me demanda t-elle
Je tendis mes bras et elle s' est allongée au dessus en
disant que c'était chouette comme ça
Mona rétorqua qu' elle pouvait apprendre à nager avec
son mari et la nièce m' a regardé avec des sous-entendus.
Midi passé, nous sommes rentrés à la maison. Après le
déjeuner,   Mona et le neveux sont partis au marché et la
nièce alors m'a demandé
--Tu veux un café Tony ?
--Volontiers, madame.
--Madame.Appelle-moi Anita, tu es de la famille maintenant.
--D'accord, Anita.
--Elle a de la chance ma tante avec les hommes.
--Les hommes ?!
--Oh oui, tu n'es pas le premier. Son cul a vécu.
Remarque elle a raison, moi aussi je cherche l'amour fort,
l'amour viril, au lieu d' avoir cet abruti.
--Vous avez un gentil mari, Anita.
--Tu parles, c'est un con. Il n'arrive même pas à baiser comme
il faut avec son gros ventre. Il ne s' est jamais vraiment
intéressé à moi , ce mariage fut un échec.

 En fait, nous sommes comme tous les couples du monde : au
début on est tous persuadés et convaincus que l' un est fait
pour l' autre, mais au fil du temps, on découvre les défauts
cachés de chacun. L' amour Tony est comme un

thermomètre : on aime quelqu' un que quand tout va bien. L'amour fou n'existe pas, l'amour ça se mérite. Si tu entends une femme dire qu' elle aimera toujours son mari aussi fort même avec ses défauts, à mon sens, c 'est de l'hypocrisie, ou de l'intérêt.

----Je suis de votre avis. Moi je considère le mariage comme un accident, c' est pour cela qu'ils veulent des témoins.

--Ha ha, elle est bonne cela ! Toi aussi tu es avec ma tante par intérêt, n'est ce pas ?

--Ne croyez pas ça Anita. Vous savez, ma mère m'a manqué depuis mon jeune âge et c' est la raison pour laquelle je me suis attaché à cette femme, j' eus le réflexe de lui répondre promptement.

--Enfin, cela ne me regarde pas. Elle a raison, pourquoi vivre seule, moi aussi j' essaie de profiter de la vie au moins pendant mes

vacances d'ailleurs elles sont faites un peu pour ça, tu ne trouves pas ?

--Oui...l'occasion fait le larron.

--Que dirais-tu d' en profiter ensemble, c' est bien une occasion, n'est ce pas,

--Tous...tous les deux ?

--Pourquoi pas ?

Je pensais que finalement il n' y avais pas beaucoup de femmes satisfaites et fidèles à leur mari, lorsque l' occasion se présente, elles leur trouvent aussitôt tous les défauts du monde.

Je pensais à Lina au village et sa proposition similaire, une femme aussi excitée à la recherche de l'amour intense..

Ce qui me plaît chez la nièce ce sont ses fesses, cela m' aurait changé un peu celle de la vieille molles et maigres. Mais… cherchait-elle un scandale pour éliminer un héritier potentiel

Avec les femmes il faut être prudent, il faut penser à tout…

--Tu ne m' a pas répondu mon beau gars, me dit-elle en
venant près de moi de façon provocante tandis que son
regard me dénudait
--Mon père m' avait dit que « le sexe crée des problèmes », et
puis..nous n'avons pas le temps maintenant.
--Nous pouvons faire vite, dit-elle en retirant sa culotte d'un
geste décisif.
Alors là, au diable l' héritage. Je suis très sensible à ce
genre de situation.

Au   moment où je caressais ses fesses en l' embrassant
excité, on entendit la voiture arriver dans la cour… Avec
des gestes aussi précipités elle remit sa culotte, tandis que moi
j'avais du mal à m'arranger et à retrouver mon calme…
--Allez les enfants, faites cuire ces bonnes choses, nous
 cria Mona de loin.
Un peu plus tard, après avoir dévoré les fruits de mer, nous
sommes sortis dans le jardin pour jouer au badminton, enfin
jouer c'est beaucoup dire, on passait la plupart de temps à
chercher le volant…
Tous les jours nous nous rendons à la mer…
Tout le monde reste exposé presque nu des heures durant
sous le soleil brûlant, alors que moi je préfère m 'allonger à
l'ombre et regarder les fesses de jeunes filles...
--Alors tu viens ?
--Oui Mona, j'arrive.
Le lendemain il ne fit pas beau et Mona m'a dit :
--Aujourd'hui mon bébé, nous allons visiter les blockhaus
construits par lesAllemands pendant la guerre dans l'attente de
l'attaque Américaine
--Cela ne m'intéresse pas Mona.
--Chaque année j' y vais. Mon époux a fait la guerre et je
garde toujours son pistolet héroï-que comme souvenir.

Alors un peu plus tard, nous avons pris   un taxi et nous
sommes partis à cinquante kilomètres pour voir les

blockhaus et la grande croix mémorial du général de Gaulle…

Entre temps, Mona me racontait comment la guerre s'était déroulée et combien il y eut de victimes de part et d'autre…

Après avoir remémoré les souvenirs de la guerre, nous avons pris le chemin du retour…

J'avais dû manquer à la nièce car pendant le dîner elle jouait avec mes pieds sous la table… Je voulus faire comme elle, mais par erreur j'ai frôlé ceux de son mari qui m'a regardé bizarre- ment mais n'a rien dit.

Le lendemain, le vent du Nord soufflait fort.

 On entendait le bruit des vagues s' écraser sur les rochers mêlés aux cris des mouettes, ainsi que les voix fortes des voisins en vacances se disputer encore pour des questions d'argent.

--Idiote, nous n' avons pas d' argent mais tu veux faire comme tout le monde.

--Imbécile.Il a fallu que je t'épouse pour compr-rendre que t'es un con.

--Tu aurais pu le comprendre au moment où je t'ai demandé en mariage, fusa la réponse.

Peu après, la nièce signala qu' il n' y avait plus de bière ni de pommes de terre, sachant que son mari ne partait pas au marché sans sa tante.

Aussitôt partis, la nièce me tira vers elle et commença à m'embrasser…

A ce moment-là, Mona qui avait oublié son sac à main fit son entrée et elle s'arrêta net comme si elle heurté une glace .

Évidemment, la scène houleuse qui suivit eut pour conséquence de nous faire prendre le train de retour pour Paris…

Mona me faisait la tête… Encore une chance qu'elle ne m'eût pas chassé de chez elle. !

J' ai failli tout gâcher avec cette salope de nièce.

--Tu as bousillé cette année mes vacances, me dit' elle avec
amertume.
--C' est la faute de ta nièce, dis-je. Tu veux savoir la
vérité ? Elle m' a proposé de coucher avec sans le
moindre respect pour toi, et lorsqu' elle m' embrassait de
force, moi j' ai refusé parce que je t'aime.
--Tu as refusé toi ? C' est vrai ce que tu me racontes ?
--Tu m' as bien vu la repousser, non ? Tu n' as pas encore
compris combien je t'aime et cela me fait de la peine. Au
lieu de m'embrasser, tu me grondes, ai-je dit l'air dépité.
Elle me regardait tout en réfléchissant... Je sentais son
regard pénétrer dans mon cerveau pour arracher mes pensées...

--Peut-être que tu dis la vérité. Je veux bien te croire parce
que chaque année je remarquais qu'elle cherchait l'aventure
cette garce.
--Ah, tu vois ? C'est une vraie salope ta nièce.
--Tu m'excuses mon bébé, je suis vilaine. Maintenant je t'
aime encore plus fort mon Tony. Tiens, pour me faire
pardonner, nous allons poursuivre nos vacances en Grèce ! Ça
te plairait ?
--Si cela te fait plaisir, je ne demande que ça, ma chérie.
Soulagée, elle est alors venue m'embrasser.
--Tu m' avais dit que tu avais un ami ici.
 Si on allait le chercher ce soir pour aller au restaurant ?
--Je ne préfère pas. Il risque de te plaire et alors tu me laissera
tomber pour lui.
--Ne dis pas de sottises. Tu sais bien que je ne te laisserai
pour rien au monde. Je dis cela parce que tu m' avais dit
qu' il n' avait pas pris de vacances le pauvre et par
politesse, pour lui faire un petit plaisir avant notre départ.
Le soir même, nous sommes allés chercher Georges qui
fut très touché par la proposition.
Pour mon ami, nous avons choisi un des meilleurs
restaurants !
Le menu était éclectique ! Georges était ravi !

Je ne me souviens pas de l'avoir vu manger avec autant
d'appétit et une telle envie de boire et c'était bien la première
fois que je réussissais à faire plaisir à mon ami.
--Tony me parle souvent de vous cher Georges, il doit vous
aimer beaucoup, dit Mona
--Nous sommes des amis d' enfance, madame.
Mais depuis qu'il vous a connue, je suis passé à la seconde
place. Tony s'est beaucoup attaché à vous.
--C'est réciproque.
Le dîner touchait à sa fin avec les meilleures friandises de la
maison à une heure avancée de la nuit…
Deux jours après, nous avons pris l' avion à destination de
la Grèce…
Trois heures plus tard, on apercevait les premières
villas d' Athènes, tandis que la voix de l' hôtesse nous
demandait en anglais, en français, et en grec d'attacher nos
ceintures, et peu après une légère secousse au sol nous
confirma notre atterrissage sur la piste de l'aérodrome.

--Conduisez-nous dans un hôtel chic ! ai-je dit au chauffeur de
taxi que nous avons pris.
Une demi-heure après, il nous déposait devant l'hôtel
« Acrololis ».

Malgré son nom, la clientèle se plaignait de la grande distance
qui sépare l'hôtel de l'Acropole,
mais la mer était proche et ceci est important car Mona adore
la mer.
Tous les matins, il me suffit d' appuyer sur un bouton pour
voir apparaître du café au lait accompagné de croissants
chauds, de biscuits au beurre, de la confiture, des petits-
fours, et du jus d' orange par un serveur en livrée
exagérément poli. Ce que l'on appelle en France le « petit-
déjeuner » moi qu' au village n' avais pas cela pas même au
grand déjeuner d'ailleurs.
 Sacré argent, on peut obtenir tout ce que l'on veut avec..!
Des vacances de rêve ! non pas comme les estivants de

Concarneau qui changent juste d' adresse pour l' histoire de quelques jours.

--Où veux-tu qu' on aille aujourd'hui Mona chérie ?

--Aujourd'hui mon bébé, nous allons visiter l'Acropole et le Parthénon !

--Bof, ce ne sont que des pierres, on en voit tant à Paris que tu n'apprécierais même pas.

--Ne dis pas de bêtises, ce n' est pas la même chose. Venir à Athènes et ne pas voir le Parthénon, c' est comme aller à Paris sans voir la tour Eiffel.

--Si c'est comme cela alors on va y aller.

A l' Acropole, il y avait beaucoup de monde !

Des gens de tous les coins de la planète exceptés des grecs. Des groupes de touristes en voyage organisé, des gens chargés d'appareils sophistiqués qui prenaient des photos du Parthénon sous toutes ses coutures comme s'il était la grande star de l' année, des gens qui suivent le soleil à la trace, qui dépensent de l'argent pour se fatiguer…

Je n' ai jamais été attiré par l 'architecture bien que j'en reconnais la sueur et des vies sacrifiées pour effectuer ces travaux colossaux comme les monuments et les temples en Asie du Sud, et en Amérique centrale, ou les pyramides en Égypte, ou encore la grande muraille de Chine. Je trouve que l' homme a gâché un temps énorme inutilement à tailler des pierres pendant des siècles et des siècles comme en sont témoins d'innombrables sites à travers le monde. Voilà donc entre autres, pourquoi les pays « riches » en monuments sont pauvres.

Par contre, l' homme qui avait abandonné rapidement cette activité inutile, a pu découvrir au cours de ce dernier siècle ce

qu' 'il n'a pu découvrir depuis son existence !

Mona ne cessait d'exprimer son admiration sur tous les monuments que l' on visitait et surtout sur le style et la ligne de statues grecques…

--Oh là là.. ! Tous les grands du monde antique sont là pour
rappeler le commencement de la civilisation.! Socrate, Platon,
Homère, Aristote,
Hippocrate, Périclès, Archimède, Pythagore, Thalès… C'
est bien dommage qu' aujourd'hui nous n'avons plus personne
d'aussi valable, dit-elle
--Oui...Je suis le dernier qui reste, dis-je
--Mais oui, bien sûr… C' est pour cela que je te surveille de
près mon p'tit grec. Viens, nous allons rentrer car j' ai une
terrible envie de voir ton corps nu de très très près, dit-
elle en m'entraînant par la main…
Le lendemain, nous sommes levés vers midi pour
descendre au restaurant de l' hôtel, et malgré moi, Mona
choisit toujours une table au milieu de la salle.
La commande ayant été donnée auparavant par téléphone de
notre chambre, nous sommes servis aussitôt après l' apéritif.
Mona, après avoir goûté, trouve la spécialité excellente !
--Si la présentation du plat grec est de moindre importance, le
contenu lui est de très bonne qualité ! Je n'ai encore jamais
dégusté de viande aussi tendre !
–Et sais-tu pourquoi elle est si tendre ? Parce qu' en Grèce
nous n'avons que des petites expl-
oitations bovines, donc élevage et production
de meilleure qualité !

--Ah voilà. Ce soir mon bébé chéri, nous irons voir les
danses folkloriques et j' ai même envie de danser le sirtaki !
--Nous irons un jour…
--Ce soir.
Après un repas copieux, nous sommes montés pour la
sieste…
Vers vingt heures, Mona me rappela :
--Mets ton costume bleu nuit, nous allons danser.
--Ce que… j'ai un mal de tête… dis-je voulant éviter la
foule.
--Tu vas prendre une aspirine, et ensuite nous pourrons y aller.

--Il fallait donc y aller, je n' avais pas le droit d' avoir des maux de tête durant les vacances.

Un peu plus tard, nous montions les rues étroites de Plaka, là où les tavernes et les dancings sont plus nombreux que les habitation
Les musiques mêlées s' entendaient de tous côtés en cacophonie…
--Cet endroit là, c' est le Pigalle d' Athènes.
 Le mari délaissé n' a pas intérêt à chercher sa femme par ici.
--Si c'est un endroit peu fréquentable il fallait aller ailleurs..
--Moi je n'ai rien à craindre, j'ai ma chérie avec moi.

--Je t'aime mon bébé adoré, me dit-elle avec un baiser.
--D'ailleurs, si tu veux connaître le vrai pays, tu ne peux le voir que dans des endroits populaires sinon le luxe est globalement identique.
--Tu as bien raison.
Il a fallu que l' on visite cinq dancings pour trouver une table encore libre.
--Par ici monsieur- dame, suivez-moi, nous dit le garçon en nous précédant…
Il nous montra une table en bordure de la piste.
--Il n'y a pas de table plus en retrait ?
--Non monsieur, c'est la seule de libre.
--Bon.
--Que désirez-vous prendre ? demanda t-il en essuyant la table avec un chiffon dont je n'arrivais pas à définir sa couleur d'origine.
--Je voudrais un bon plat de ghiro, un peu de tzatziki, et une bouteille de Samos.
--Et pour la mamie ?
--Ce n' est pas ma grand-mère, c' est ma...mère.
--Oh pardon.
Mona voulut savoir ce qu'il venait de dire.
--Il a dit...que désire t-elle la charmante dame.

--Hum, j'ai loeil moi. Tout de suite j'ai remarqué que ce garçon
avait l'air bien poli !
--Ça sera aussi la même chose pour elle. dis-je
Il a noté cela d'une manière sténographique et partit..

--Ils s' amusent beaucoup les grecs ici, dit Mona
--Oui, un peu trop d'ailleurs.
--Ils sont beaux les grecs, et virils.. !
--C'est la moustache qui donne cette impression
--Es-tu jaloux ?
La danse qui suivit fut le sirtaki.
--Viens Tony, on va danser ! me dit-elle prête à se lever.
--Attends ma chérie, je ne connais pas cette danse. Pour
te faire plaisir, nous danserons doucement un slow après.
Pendant le sirtaki une pile d'assiettes fut cassée selon la tradition
et un éclat blessa légèrement la jambe de Mona. M'
inquiétant pour elle, j' approchais du casseur pour le
réprimander, mais avant que je ne puisse finir ma phrase il
m 'assène un coup de poing qui me fait tomber dans les bras de
Mona.
--Lâche-moi Mona , je vais lui casser la gueule, lui dis-je
sachant qu'elle me retenait bien.
--Calme-toi mon bébé, nous allons partir.
J'obéis tout de suite.

Les autres jours sont passés à la mer…
Nous mangeons au restaurant de la plage, et aussitôt nous
retournons dans l'eau…

Allongé sur le sable, ma seule préoccupation était de
réfléchir et chercher la façon et la manière pour récupérer
de l'argent…
--Il est beau ton pays Tony, me dit-elle encore en levant son
visage vers le soleil les yeux protégés. La mer est claire ! Le
soleil chaud !
Les gens gentils ! Il doit faire bon vivre ici !

Une idée traversa soudainement mon esprit au passage. !
--Ça te plairait de vivre ici Mona chérie ?
--Cela serait fantastique Tony ! Des vacances perpétuelles !
--Alors il ne reste plus qu' à acquérir une maison ici.
--On verra cela une autre fois.
--Pourquoi une autre fois ? Pendant que nous sommes ici..
--J'ai dit : Une autre fois.

Chapitre VI

Le soir de notre retour à Paris, en posant nos valises, j'ai dit
à Mona :
--Je vais faire un saut voir Georges, chérie.
--Mais nous sommes à peine arrivés Tony, tu le verras demain.
--Juste le temps de ton bain.
--Justement, nous le prendrons ensemble.
Va plutôt voir s' il y a des lettres dans la boite.
Celui qui paie commande.
Je suis allé chercher le courrier que j' ai déposé sur la table du
salon.
Mona décacheta les lettres et les parcourut rapidement
l'une après l'autre…
--La note d' électricité, du téléphone, publicité de meubles,
produits surgelés, de vêtements d' hiver… Tiens, une
invitation pour un bridge hier chez madame Claret. Trop tard,
j'irai la fois prochaine. Ah, un faire-part ! Oh la pauvre… ma
femme de ménage a eu un grave accident et elle a succombé à
ses blessures. Cela me peine, c' était une brave personne…
Je vais aller me faire couler un bain pour me détendre…
Le lendemain, après m' être rasé de près et bien habillé,
je suis allé voir Georges.
Lorsqu' il m' a ouvert, je lui ai sauté au cou.
-Alors mon vieux, toujours dans tes pyjamas ?

Évidemment, sortir veut dire dépenses et un ouvrier ne peut
se le permettre.
--Le touriste est de retour ! fit-il. A t-il passé de bonnes
vacances ?
--Oui, superbes ! Nous sommes rentrés hier soir.
--J'étais en train de faire du café. Assieds-toi et racontes . As-
tu pu obtenir quelque chose ? me demanda t' il en mettant une
tasse devant moi sur la table.
--Rien Georges, pourtant j'essaie.   Elle a trouvé le paradis en
Grèce, et lorsque je lui ai proposé d'acheter une maison là-bas,
elle m'a dit qu'elle allait réfléchir.. Rien n'est sûr avec elle.
--Peut-être qu'elle n'est pas aussi riche que tu le crois, me dit-il
après avoir allumé une cigarette.
--Je n'en sais rien. Je vais rester encore un peu avec elle, et
si je n' arrive pas à en soutirer quelque chose, alors je la
quitterai.
--Pour faire quoi après ?
--Je ne sais pas. Je pense retourner au   village pour faire de
l'élevage .
--Tu as une bonne idée, c'est une solution !
--Si j' arrive à vendre deux trois bêtes dans l' année, ça
me suffirait pour passer mes jours tranquilles en train de jouer
aux cartes dans le café pour tuer le temps tandis qu' ici c' est
le temps qui nous tue.
--C'est vrai.

--Bon, j' y vais maintenant. Je te tiendrai au courant, ai-je
dit en lui touchant son épaule pour lui dire au revoir.

En sortant de chez Georges, je suis allé m' asseoir à
la terrasse de la « Rotonde » pour mettre mes idées en place…
Je buvais un panaché lorsqu'une jeune vendeuse de fleurs
m'approche en me tendant un bouquet d' un air suppliant. Les
vêtements ordinaires qu'elle portait n'enlevaient rien à son
charme ! Devant moi se tenait une beauté évidente ! Une
très belle brune avec de jolis petits yeux de couleur vert
émeraude dont le regard doux me troublait ! Elle avait à peine

dix sept ans mais son   corps parfait et harmonieusement épanoui
bouleversait l'esprit de l' homme tandis que ses lèvres épaisses et joliment dessinées semblaient faites pour embrasser.
L' espace d' un instant, je l' ai imaginée bien habillée et soignée.. !
--Comment t'appelles-tu ? demandais-je
--Lucie.
--Moi c' est Tony.   Tu veux gagner de l' argent Lucie ?
--Ben...oui, sans ça on est foutu.
--Hum, c' est aussi mon avis.   Eh bien Lucie, je penses- que j' ai une place pour toi.
Peux-tu t' asseoir un   moment pour en discuter ?
--Si tu me paie un coca, j'ai soif.
--C'est d'accord. dis-je en lui montrant une chaise pour s'asseoir
--C' est quoi cette place ? demanda t-elle aussitôt après être assise.
--Est-ce que tu pourrais   faire des petits ménages ?
--Je peux tout faire moi.
Je la regardais comme un bienfaiteur qui ne peut supporter le malheur et la misère autour de lui, puis je lui écrivit l'adresse de Mona sur un bout de papier.
--Si tu veux, tu peux venir à cette adresse demain, je t'attendrai.
Elle saisit le papier et le glissa furtivement dans son soutien-gorge et bu son coca.
--Est-ce que je peux t'offrir un bouquet Lucie ?
--Ça vaut douze francs…
--Je t'offre un bouquet de cent francs, ai-je dit en lui donnant le billet.
--Waouh ! s'exclama t-elle contente. Tu es un chic type ! J' ai gagné ma journée là ! Alors à demain, dit-elle avant de s' éloigner en ne lâchant pas le billet du regard..
Je me levai aussi laissant quelques pièces sur la table.

Un peu plus loin je saluais le marchand de fruits secs qui avait
son étalage au coin de la rue, un grec originaire de Patras
comme je l' avais appris, un homme tellement petit que
même debout derrière son banc, on le croyait assis. Après avoir
discuté un peu en mangeant des cacahuètes, je suis rentré à
la maison.
--Quand tu sors toi, tu oublie d' entrer, me dit Mona
—   je me suis arrêté pour boire un verre chérie, mais je t'ai
trouvé une femme de ménage dont tu as besoin. C' est une
pauvre fille qui vend des fleurs et je lui ai proposé de faire le
ménage Nous en avons bien besoin d'une, n' est ce pas ?
--Oui bien sûr mais, quel âge a t-elle ?
--Vingt ans, je crois.
--Elle est très jeune, elle ne pourra pas nous rendre le
service demandé.
--Elle a besoin d' argent et envie de travailler. On verra
bien…
--Bon, viens maintenant m' aider à choisir la robe que je
vais mettre pour aller au restaurant.

La sonnette m' a fait sursauter le lendemain matin.
J'ai regardé ma montre : 8h25 . Je me suis levé et sans faire
de bruit, je suis allé voir par le judas… Malgré le visage
déformé par l' oeil, je reconnus Lucie et lui ouvert la porte.
--Bonjour Lucie. A vrai dire, je ne m'attendais pas à ce que tu
viennes.
--Pourquoi ? Tu m'avais dit que…
--Oui bien sûr, mais les gens ne tiennent pas souvent parole.
--Moi quand il s' agit d'argent, je tiens parole.
--C'est très bien.
--Qu'est-ce qu'il faut faire comme travail ?
--Doucement. As-tu déjeuné d'abord ?
--Je n'ai pas eu le temps.

--Viens avec moi dans la cuisine. Il doit y avoir encore des croissants et avec un bol de lait, ce sera parfait !
--Qui est-ce ? on entendit la voix de Mona
--C'est la femme de ménage, chérie.
--Oh oui...elle est bien jeune, dit-elle en s'appro- chant. Je ne sais pas si elle pourra…
--J'y arriverai madame, vous verrez. dit Lucie la bouche pleine
--En êtes vous sûr ?
--Oui madame.
--Bon alors venez avec moi je vais vous montrer les produits d'entretien.

Le lendemain Lucie arrive à l'heure.
--Bonjour ma Lucie. Ça-va ?
--Oui, ça-va.
--Je voulais te demander… Ton père sait que tu viens ici ?
--Il est en prison, je vis avec ma grand-mère.
--Qu'est-ce que ton père a fait pour aller en prison ? demandais-je bêtement comme s' il s'agissait d'un exploit.
--Il a tué ma mère et son ami sur le lit.
Je fis une grimace d' étonnement et je me suis demandé si tuer était la meilleure solution pour résoudre une telle situation. Les amis...On se fait des « amis » que lorsqu'on a de l'argent ou une belle femme.
--Tony.. .on entendit la voix de Mona. Veux-tu m'amener, s'il te plaît, une aspirine ? J'ai mal à la tête.
--Tout de suite, dis-je et je suis allé la retrouver avec un verre d'eau.
--Je ne me sens pas bien mon bébé et cela tombe mal car cet après midi je dois aller jouer.
--Tu n'es pas obligée d'y aller ma chérie.
--Je ne raterais cela pour rien. Madame De Martèle est une aristocrate!   Seront là aussi madame Devigan et madame De la Casa. Tu n'as qu' à dire à la petite qu' elle prépare quelque chose de léger pour moi, et qu' elle me l' amène ici vers treize heures trente.

--Bien chérie.

Vers seize heures, pendant que j'écoutais de la musique douce, Mona vêtue de sa plus belle robe, parée d'un nombre exagéré de bijoux, et son sac à main enfilé au bras, est venue me dire au revoir.

--Bon, j'y vais Tony. Il se peut que je rentre tard. Dis à la petite de s'en aller pour aujourd'hui et toi tu peux aller voir ton ami. Allez, à plus tard. elle m'embrassa.

--Passe une bonne soirée, chérie.

Peu après, je partais aussi pour voir Georges.

La soirée était douce et j'ai pris la berge de la Seine…

C'était la première fois que je voyais autant de personnes couchées sous les ponts en compag-nie d'une bouteille de vin à côté d'eux.

Les « s.d.f. » on les appelle : (sans domicile fixe)

Moi je les appelle : les « s.d.d.t. » (sans domicile du tout)

--T'as pas cent balles ? J' entendis me réclamer l'un des clochards.

--Tu veux qu'on parle un peu ? ai-je demandé

--A quoi ça va servir, t'es journaliste ?

-Non non juste par simple curiosité. Je voudrais juste savoir comment arrive t-on là.

--Ah, ça-va tellement vite mon pote que l'on ne s'en aperçoit même pas !

Mais je vais te dire, tu m'es sympa, dit-il et il commence alors à me raconter sa vie et sa décadence… La façon dont a perdu son emploi, son logement, sa femme et ses enfants, sa

voiture, ses amis… seul son chien n'a pas voulu le quitter. Une survie en pleine ville aussi cruelle qu'en pleine jungle. !

--Pourquoi ne cassez-vous pas tout, afin de vous faire mettre en prison ? Là, au moins, vous mangerez tous les jours au chaud.

--Mais ils ne donnent pas de pinard. m'a t-il répondu.

Je lui ai laissé un billet avant de partir...

Plus loin, un couple s'était arrêté sur le trottoir pour
s'embrasser.
Je me sentis tout à coup très seul. J' ai jeté un cailloux dans
l' eau et regardais les cercles s' étaler en   pensant à
Lucie…   Cette   fille   me plaisait beaucoup ! Je voulais qu'elle
soit près de moi… la tenir par la taille en se promenant tout le
long du fleuve…l'embrasser…

J'ai trouvé Georges sifflotant gaiement.
--Salut vieux. Tu as gagné à la loterie ou quoi ?
--La loterie c'est fait pour espérer.
--C'est dommage. Tu aurais pu devenir tout à coup d' un
vulgaire ouvrier quelqu' un de considéré, tu vois ?

--Tu ne penses vraiment qu' au fric toi. Il n' y a pas que ça
dans la vie. Aujourd'hui mon ami
j'ai fait la connaissance d'une jolie fille !
--Toi une fille ?
--Pourquoi, je suis un monstre ?
--Non, je dis ça parce que tu ne sors jamais, ou alors ce ne
peut être qu'une voisine.
--C'est une fille qui travaille dans les assurances et que j'ai
dragué quand je suis allé assurer ma voiture,   et demain
soir nous allons sortir ensemble.
--Enfin, tu vas baiser ! Je suis content pour toi.
Il était temps car ça commençait à te monter à la tête..
--Tu dis n'importe quoi .
--C'est sérieux Georges. Pourquoi crois-tu qu'on se marie ?   C'
est pour avoir la femme quand on a envie d'elle.
--Mais on l' a aussi quand on n' en a pas envie, c'est ça le
problème.
--Alors il faut vivre comme les fauves.
--Ben oui. Il n' y a pas beaucoup de couples heureux.
--Mais attention… une copine revient cher à entretenir et un
ouvrier ne peut se le permettre
--Elle est ouvrier aussi, elle comprend.
--Ne te marie jamais Georges, tu es bien tranqu- ille comme ça.
Comment s'appelle t-elle ?

--Françoise.

--Quel âge a t-elle ?
--Vingt ans.
--Et elle a de belles fesses ta Françoise ?
--Eh là… juge d' instruction, obsédé par les fesses.
--Ben, c'est important les fesses. Moi aussi j'ai fait la connaissance d'une mignonne !
--Menteur.
--Si c'est vrai. C' est une bouquetière à qui j' ai proposé de faire le ménage chez Mona. Elle a déjà commencé à travailler. Si j' arrive à la sauter celle-là ce sera merveilleux !
--Attention à Mona.
--Je m' en fous. De toute façon, je n' ai pas l'intention de rester avec elle encore bien longtemps. Je ne sais même pas si elle est riche. Actuellement elle joue chez madame De...je ne sais quoi.
--Je te l' avais dit que tu perds ton temps avec elle. Puisque tu ne veux pas travailler à l' usine pour un tel salaire, retourne alors au village et essaie de te marier avec une fille possédant des terres pour refaire ta vie.
-Mais tu sais bien que je ne veux pas me marier et m'emmerder avec les mômes.
--Oui, tu es spécial toi.
--Et puis, un célibataire a plus de chance d'avoir beaucoup plus de femmes qu' un homme marié.

--Ah bon ! Oui...c'est un argument valable. Alors dis-moi, tu m' en veux de t'avoir fait venir ici ?
--Non non Georges, ça a été une expérience.

Minuit passé de retour à la maison, Mona n' était pas encore rentrée, alors je me suis couché…
Le matin, Mona n'était pas dans notre lit et rien ne montrait qu' elle avait couché cette nuit près de moi.
Je me suis levé pour la chercher dans toutes les pièces de la maison en l' appelant sans résultat.
On sonna à la porte...

--Bonjour ma belle, entre.

--Il y a des croissants ? j'ai faim.

--Oui, il y en a. Alors, qu'est-ce que dit ta grand-mère ?

--Elle est contente que j' ai trouvé un travail, et c'est grâce à toi.
Elle ne croyait plus qu'il y avait encore des gens gentils.

– Tu mérites d' être aimée,   tu es une fille courageuse.

--Je suis obligé de travailler.

--Tu es franche, et belle ! Tu sais, tu m'as plu à la première
minute.

--Ouais, surtout mon cul.   Ça se voit dans ton regard de
cochon.

--Je l' avoue. J' aime aussi ton caractère et tes idées sur
la société. On s' entend bien tous les deux. Mona n'est pas
rentrée de la nuit et je ne sais pas où la chercher,
remarque nous sommes plus tranquilles comme ça n'est ce pas .

--Ça c'est sûr. Mais comment tu peux baiser cette vieille bique ?

--Pour de l'argent moi, je peux tout faire, je suis comme toi.
Allez, va préparer le petit déjeuner pour nous deux, dis-je en
allant prendre une douche…
J' étais couvert de savon lorsque le téléphone sonna. Je me
suis précipité pour répondre ainsi nu tel que j'étais.

--Allo, oui…Ah bon ! C'est grave ? Tout de suite, j'arrive.

— Qu' est-ce qui se passe monsieur grosse queue ?

--Mona se trouve à l'hôpital de Neuilly. Elle est tombée du haut
de l'escalier et elle s'est cassé la tête.

--Ça tombe bien ! Je ne veux rien foutre aujourd' hui, j'ai
sommeil.

--Alors ne fais rien.

J' ai trouvé Mona allongée, la tête entourée de bandelettes.

--Ma petite chérie… comment as-tu pu te faire ça !

--J' ai très mal mon bébé, ma tête, ne cesse de cogner…

--Qu'a dit le médecin ?

--Un sévère hématome dans le crâne. Il me faudra rester sous surveillance pendant plusieurs jours, te rends-tu compte ?
--S' il le faut, c'est sûrement pour ton bien. Ne t'en fais pas, je viendrais te voir tous les jours.
--La petite est venue ?
--Elle attend sûrement dehors.
--Dis lui de ne pas venir pendant mon absence et qu'elle sera quand même payée.
--Bien, chérie. Bon, j' y vais maintenant pour te laisser te reposer, dis-je en l'embrassant pour partir.
--Tu veux déjà t'en aller ?
--C' est que… Lucie va se demander… Il faut la prévenir.. A demain chérie, dis-je et je sortis prestement…
En cours de route, je m' arrêtai à une boutique pour acheter un cadeau à Lucie, et plus loin je passais par le buraliste qui compte sur moi pour vivre avant de rentrer à la maison.

J'ai trouvé Lucie endormie un livre à la main.
La robe courte et légère qu' elle possède sans doute depuis longue date, moulait son corps bien fait d'une façon provocante.
Je l'imaginais nue… Elle m' inspirait du désir..
.J'eus envie de la toucher, la serrer,l 'embrasser
J'ai occupé vite ma pensée ailleurs avant de ne faire une bêtise. Pour avoir une femme il ne faut jamais la bousculer, il faut de la patience, montrer de l'amour, faire des promesses, offrir des cadeaux…
Le café était gardé au chaud ! J' en remplis une tasse et allumai une cigarette..
Je pensais à Mona… Elle m'a paru bien affaiblie.
Peut-être que son état est assez grave… Si elle allait mourir,j'aurais tout perdu, mais comment peut-on parler d'héritage à une personne en cet état ?
Lucie se réveilla…
-Aaah...elle bâilla. Je me suis endormie mais ça m'a fait du bien ! Y a longtemps que tu es là ?

--Un bon moment.

--Je suis certaine que tu regardais mes cuisses, et même ma culotte.

--Oui, c'était un bon moment en effet !

--Et tu ne m'as pas touché ?

--Ce n' est pas l' envie qui m' a manqué mais je n'ai pas osé. Je ne sais pas si cela t' aurait plu.

--Ça dépend, peut-être. Il fallait essayer.

--Quand on aime vraiment on n'ose pas, on a peur d' un échec. Regarde ma jolie ce que je viens d'acheter, dis-je en déballant le cadeau..

--Une robe ! C'est pour moi ?

--Pour qui veux-tu ? Un petit cadeau à la fille que j'aime !

--T'es vraiment chic ! Je vais finir par croire que tu m' aimes vraiment. Elle est magnifique cette robe ! Tu as du goût ! Mais comment tu connais ma taille ? dit-elle en tenant la robe devant elle.

--A force de regarder ton corps, je le connais par coeur, mais je n'ai même pas eu un baiser.

--Ferme les yeux, dit-elle et je sentis aussitôt ses belle lèvres épaisses sur les miennes.

--La vieille va rester plusieurs jours à l' hôpital. Nous allons en profiter tous les deux ! Allez, va prendre un bon bain dans cette grande baignoire comme les riches avant de mettre ta nouvelle robe pour sortir.

--Ouais.. ! comme les riches ! Depuis toujours je me sens frustrée sans baignoire dans la maison. Mais ma mamie ne me laisse jamais aller me coucher avant de m'être brossé les dents.

--Ta mamie a raison. C'est important de se laver les dents, surtout le soir.

Une heure après, Lucie semblait être sortie d'un institut de beauté, et peu plus tard, nous montions les marches du Sacré-cœur en nous tenant par la main…

De là-haut, on pouvait voir tout Paris à nos pieds. Seule la tour Eiffel se montrait dessus de tout, majestueuse !

--J'aperçois Notre-Dame, dit-elle. C'est un chef-d'œuvre !

Pourquoi construisaient-ils des temples et des cathédrales avec un tel soin ?

--Pour se faire aimer par leur Dieu, je suppose. Et comme la main-d'œuvre était presque gratuite, ils ne s'en privaient pas.

--Ca représente quelques abris pour les gens sans domicile toutes ces bâtisses…

--Tu penses comme une grande, je t' adore ! Lucie où se trouve la maison où tu habite, on la voit d'ici ?

--Attends, je vais te dire… elle parcourut l'horizon du regard… Le quartier de Belleville est là...mais je ne vois pas la maison.

--J'espère qu' elle est toujours là.. . lui dis-je et nous avons ri… Elle riait plus facilement maintenant, comme tous ceux qui sont heureux ! Avec un rire de cristal qui laissait voir des dents parfaites d'une blancheur rappelant une publicité pour dentifrice. Sa chevelure flottait avec le vent de l' altitude ce qui la rendait encore plus désirable Elle était tellement belle, tellement femme ! Maintenant auprès d' elle la vie prenait un peu de signification. Nous étions tous deux contents elle comme un enfant qui a obtenu un nouveau jouet, moi comme un cactus dans un milieu tropical !

--Nous allons faire faire notre portrait à côté.

--Ah ouais.. !

La réalisation que nous avons confiée à un chinois fut d'une grande réussite !

Puis, nous avons pris le chemin qui descend vers Pigalle…

--J'ai faim, dit-elle

--Viens, je connais un resto sympathique.

Après s' être promené dans un dédale des rues, je retrouvais le restaurant grec découvert par Mona, et nous avons choisi un coin intime pour nous y installer..

--Toi que prends-tu ? Demandais-je lorsque le garçon s'approcha de nous.

--Je ne sais pas ce que vous bouffez ici à part le fameux steak-frite.

Je dis quelques mots au serveur qui les répéta à haute voix vers la cuisine.

--Tony, pourquoi on dit : Va te faire... chez les grecs ? Vous aimez beaucoup baiser, c'est ça ?

--En Grèce c'est leur préoccupation principale. Chacun essaie de baiser la femme de l'autre.

--Oh, c'est un peu partout pareil, j'ai l'impression.

--On dit qu'en Allemagne on parle de voitures, en France on parle du temps, et en Grèce on parle de cul.

La commande arriva, et Lucie après avoir goûté, trouva la moussaka excellente !

A la fin du repas je demandais :

--Alors, quelle est l'impression de madame ?

--La bonne cuisine grecque est justifiée et je l'apprécie à sa juste valeur ! dit-elle et bu un peu de vin.

--Tu parles bien quand tu veux toi !

--Ça m'emmerde de chercher les mots corrects.

--Encore une bouteille ?

--Non monsieur, merci. J'ai déjà trop bu.

--Bien mademoiselle.

--Comment dit-on en grec : je t'aime ?

--S'agapo.

--S'agapo. me dit-elle et elle se penche pour m'embrasser..

--Ah ça, même en congolais je l'aurais compris, dis-je l'embrassant à mon tour.

--J'ai envie de marcher un peu, dit-elle en se levant..

--Oui ma chérie.

Nous avons pris le boulevard sans nous presser en nous tenant par la taille, et en nous arrêtant de temps en temps à la devanture d'une vitrine… La nuit était entamée et quelques fenêtres éclairées. Plus loin une bande de voyous cassait les vitres d'une cabine téléphon-ique et courait en riant et s'en félicitant… Un chien errait seul l'air perdu et apeuré en regardant dans toutes les directions avec des yeux malheureux...Des gens s'arrêtaient pour le caresser... »Pauvre bête » disaient-ils mais sans s'en soucier davantage.

Peu après, on s'arrêta devant les affiches d'un cinéma.

--Ça a l'air d'être un bon film, dit Lucie et nous décidons alors d'aller le découvrir…

Nous sommes sortis les derniers... Lucie avait encore les larmes aux yeux. Le film racontait une histoire d'amour et qui se terminait dans le sang.

--Tu veux qu'on arrête un taxi ?

--Non, je préfère marcher. La fraîcheur du soir me fera du bien.

--Comme tu veux.

J' ai conduit Lucie chez elle, et nous nous sommes séparés d'un baiser.

Le lendemain matin, Lucie est arrivée à L'heure.

--Ce n'est pas la peine d'arriver à l'heure, nous ne sommes pas à l'usine ici.

--Je voulais être près de toi, me dit-elle en m'embrassant.

--Amoureuse ?

--Tony tu sais, j'ai parlé à ma grand-mère et elle voudrait faire ta connaissance.

--Ben moi aussi. Je vais aller voir un peu la vieille et ensuite nous irons chez ta grand-mère, d'accord ? Maintenant viens manger quelque chose.

Après avoir vu Mona quelques minutes à l'hôpital, je suis retourné à la maison.

Lucie chantait dans la baignoire… Je l' imaginais nue… son corps de chair tendre dans l' eau chaude avec la mousse sur sa peau douce… J'eus envie d'elle…

--Je peux te frotter le dos. Dis-je en ouvrant la porte de la salle de bain.

--Non n'entre pas, dit-elle couvrant ses seins de ses mains.

--Tu es superbe Lucie, tu le sais ?

--Oui oui je le sais, maintenant tu peux sortir.

--Laisse-moi te frotter le dos un peu.

--Juste le dos.

--D' accord, dis-je et commençais à lui frotter doucement le dos avec une éponge de mer…

Lucie pris confiance.

--Pas plus bas.

--Lucie

--Quoi…

--Je t'aime.

Elle ne dit mot. Je me penchai alors sur elle et l'embrasais sur le dos…A ce contact, je ressentis un frisson parcourir mon corps… Nue elle était encore plus désirable ! Son corps parfait avait les courbes d'une jeune femme épanouie. !

Lucie, j'ai envie de faire l'amour avec toi, dis-je en caressant ses seins..

--Non Tony, regarde dans quel état tu te mets…

--Je t'aime ma Lucie, j'ai envie de toi. Laisse-toi vivre ma chérie, c' est merveilleux, tu verras, dis-je en l'embrassant partout…

Lucie ferma les yeux. Son visage empourpré montrait qu'elle aussi désirait faire l'amour à ce moment- là, qu' elle ne pouvait plus rien me refuser…

Tous les deux nous tremblions de désir…

--Tony j'ai peur, je n'ai jamais fait ça.

Rien ne pouvait nous arrêter dans notre désir mutuel…

Décidément, plus le partenaire est désiré, plus la jouissance est brève. C'est vraiment dommage que ce délice ne dure pas plus longtemps.

A peine quelques minutes plus tard, Lucie ne pouvait plus être fière de sa virginité.

--Tony, je suis à toi maintenant, elle pleurait la tête sur mon torse…

--Oui ma chérie, tu es à moi. Je t'aime mon bébé.

--Je veux qu'on le dise à ma grand-mère.

--Tu veux qu'elle casse son bâton sur nos têtes ?

--Non… elle ne dira rien. Quand elle me voit contente, elle est heureuse.

Peu après, j'accompagnais Lucie chez sa grand-mère…

C'était une dame bien agréable qui fut contente de me connaître.

--Ma petite Lucie me parle souvent de vous Tony. Vous devez être un gentil garçon, me dit-elle

--Lucie est une fille merveilleuse madame. J'essaie seulement de lui donner un peu de bonheur.

--J' aime beaucoup ma Lucie, c' est elle qui me retient à la vie .
Je ne veux surtout pas qu'il lui arrive quelque chose. Depuis ce
malheur…
--Je sais madame, Lucie m' a tout raconté, je l'interromps
pour éviter toute discutions (dans la maison du pendu on ne
parle pas de corde)
Elle sortit d' une manche un mouchoir et s'essuya les
yeux..
--Prenez soin d' elle Tony, et ne faites pas de bêtises.
--Ne vous inquiétez pas madame, dis-je en me levant. Tu
viens Lucie avec moi, ou tu reste ?
--Je viens avec toi, me dit-elle et embrasse sa mamie.
--Au revoir madame. Je suis bien heureux de vous
connaître.
--Au revoir mes enfants.   --Viens Lucie, tu vas
faire la connaissance d'un type formidable, lui dis-je en
prenant sa main.
--Qui est-ce ?
--Mon ami Georges. C' est lui qui m'a fait venir en France. Si
je ne t'avais pas connue, je lui en aurais voulu toute ma vie.
Il ne rentre pas avant quinze heures trente, dis-je en regardant
ma montre.. Nous avons un peu de temps devant nous.
--Le temps d'aller au resto ?
--Pourquoi pas.
A quinze heures quarante, nous avons trouvé Georges
devant son domicile déchirant une contravention.
--Qu'as-tu besoin d'une voiture, le métro n' est pas fait pour les
chiens
--Tu vas voir… Je vais me débarrasser d'elle le plus vite
possible. J' ai plus d' emmerdement avec que de services, ça
c'est sûr.
--Je te l'avais dit, une voiture revient cher si elle n'est pas
rentable ou indispensable. Même les voitures sont faites pour
les riches.
Il m'a fixé du regard mais n'a rien dit.
--Georges, je te présente ma fiancée Lucie. Lui c' est
Georges, un ami fataliste. dis-je et ils se sont serrés la main.

--Venez, on va faire du café, dit-il en passant devant..
Aujourd'hui je suis crevé. Un nouveau venu a mis toutes les
pièces à l'envers et il a fallu les remonter, dit-il ouvrant la
porte. Asseyez-vous, il nous montra le canapé.
--Comment trouves-tu ma fiancée Georges, n'est-elle pas
belle ?
--Oui, elle est mignonne.
--Et ta copine à toi, où en êtes-vous ? Tu l' as baisée ou
pas ?
--Tony parle nature mademoiselle, comme il aime vivre, dit
Georges de la cuisine.
-C'est pour ça qu'on s'entend bien, répond Lucie
--A bon ! Deux oiseaux sans Dieu ni maître.
--Notre Dieu et Maître c' est l'argent, n' est-ce pas chéri ?
--Tout à fait.
--Si madame Mona s'aperçoit de quelque chose, vous serez
tous les deux chassés de chez elle.
--Mona est à l'hôpital Georges. Après avoir joué chez une aristo,
en descendant l'étage, elle est tombée et s'est fracturé le crâne.
--Ah bon !
--Ce qui m' inquiète, c' est que j' en n' ai plus d'argent et
elle va rester plusieurs jours encore à l'hôpital. Il faudrait m'
en prêter Georges, je suis bien embêté.
--Une copine revient cher... J' ai entendu ça quelque part...
--On a le droit de vivre, non ? dit Lucie. Mais l' argent va
toujours à ceux qui n' en ont pas besoin. Avec ça, je pourrais
payer un bon avocat pour faire sortir mon père de prison, mais
seuls les riches assassins s' en sortent finalement innocents
et lavés de tout soupçon. Mais je trouverai cet argent
même si je dois faire la pute, dit-elle troublée en mettant du
sucre dans les tasses.
Georges alluma une cigarette et m'en offrit une autre.
--Voilà le petit plaisir des humbles gens : le café avec l'
incontournable cigarette ! dis-je et bus une gorgée de café.
--Tony je pense à quelque chose mais je te le dirai en
partant.

--Tu peux tout dire devant Georges, ce n'est pas un simple ami, c'est un frère.

--Je pense que la vieille a certainement de l'argent caché quelque part chez elle, et même de l'or ! Il suffirait de chercher, et si on mettait la main dessus on disparaîtrait alors avec, qu'en dis tu ?

--Je n'y crois pas trop, mais on ne sait jamais. On va chercher quand même parce que je n' ai plus un sou, dis-je en me levant..

--Tony, ne fais pas de bêtises, me cria Georges pendant que nous descendions de l' escalier…

Aussitôt rentrés à la maison, nous nous sommes mis dès lors à chercher dans les moindres recoins… Sous les matelas, dans les tiroirs, les sacs, les placards, les valises…

--Tu as regardé derrière les tableaux ?

--Oui, il n'y a rien. C' est plus facile de trouver des orchidées au Pôle-nord que l' argent de la vieille.

-Est-ce qu'elle utilise uniquement son chéquier

--Non, souvent du liquide.

--Je ne sais pas pourquoi on dit l' argent liquide puisqu'il n'y a rien de plus solide.

--Je ne te le fais pas dire.

A l'aide d'un tournevis, Lucie ouvrit un tiroir au bas d' un buffet style Louis XIII, et parmi des boutons et des médailles, elle trouva une arme.

Waouh ! s'exclama t-elle soulevant un pistolet qui paraissait énorme dans sa petite main.

-Ça doit être le souvenir de la guerre dont elle m'a parlé.

--Il y a aussi des cartouches ! Tu sais que l' on peut faire beaucoup de choses avec ça ?

--Tuer seulement.

--Tu peux donner des ordres à cent personnes en le tenant devant toi ! Tu peux leur faire faire des galipettes, ou mimer une statue, les faire te supplier à genoux, et même les soulager de leur porte-monnaies ! C'est miraculeux non ?

--Remets-le à sa place, nous ne sommes pas des assassins.

--Tu sais à quoi je pense Tony ?

--De ne pas oublier d'aller à la messe dimanche.
--Je me fous de la messe. J'ai une bien meilleure idée !
Maintenant qu'on a cette arme, on peut braquer une banque !
--Je crois que tu délires.
--Une petite banque dans une rue tranquille, ça sera du gâteau !
--Remets ça vite à sa place je t' ai dit,   tu m'entends ?
Imagine qu' un des employés soit armé et qu'il te menace, que
ferais-tu ?
--Je le tuerais sans hésiter.
--Tu es folle. On va se retrouver en prison à vie si on s'en sort
vivant.
--Bon, tu as tout le temps pour réfléchir . Allez, maintenant
viens me faire grimper au rideau. La pensée de ces liasses
dans le sac m' ont excitée !
La façon dont s' y prend une femme en vue d'obtenir ce
qu'elle désir est inimaginable !
Je n' avais jamais encore ressenti l' amour aussi fort.
Je restais ainsi allongé sur la moquette pour fumer la
cigarette coutumière après l' amour…
--Après ta cigarette encore ?
--Je n'en peux plus.
--Bon, dans ce cas, je vais rentrer chez moi. Je n' ai pas
beaucoup vu ma mamie depuis qu' on est ensemble, dit-elle
en essayant de remettre en place sa robe froissée et de l' ordre
dans ses cheveux avant de m'embrasser pour partir..
--Eh Lucie, tiens prends un double de clefs. Tu me réveilles
à chaque fois avec cette sonnette quand tu arrives.
Peu après, je partais aussi pour retrouver Georges
Un sachet de cacahuètes à la main, Georges regardait un
western à la télévision.
--Tu as tort de ne pas fermer ta porte de l'intérieur. Un
jour tu vas être surpris par un voleur.
--Les voleurs savent où aller, dit-il en regardant l'écran.
--Que penses-tu de ma petite Georges, elle est superbe, non ?
--La beauté pour moi est secondaire, cette petite ne
m'inspire pas confiance, méfie-toi.

--C' est juste pour passer des moments agréables. Elle est superbe et amoureuse de moi.

--Oui... tout nouveau tout beau ! Ce n' est pas parce que l'on t'embrasse que l'on t'aime. Tu te souviens de Lina au village, au bout d' un mois elle t'a laissé pour un autre.

--Elle m'avait laissé tomber par manque d'expérience, au lieu de la caresser doucement et tendrement du bout des doigts, je la frictionnais comme si je lui mettais de la pommade, dis-je et nous avons ri…

--Bon, tais-toi maintenant, je ne sais plus ce qui se passe dans le film.

--C'est toujours pareil de toute façon. Le héros arrive au dernier moment et délivre tout le monde. Ce que j'ai à te dire moi est d' une plus grande importance. Figure-toi que pendant que nous cherchions de l'argent chez Mona, Lucie a trouvé un pistolet.

--Et ?

--Il lui est aussitôt venue une idée ! Elle projette de braquer une banque.

--C'est de la folie ! Tu n'es pas d'accord j'espère..

--Ben...tu sais… je pense que ce n' est pas une si mauvaise idée finalement

--Mais ma paroles, tu es devenu vraiment fou avec cette obsession de l' argent mon pauvre ami. A chaque fois que tu viens ici, c' est pour m'annoncer une connerie. Tu m'emmerdes tu sais ? Oui tu m' emmerdes. Je ne te reconnais plus Tony. Cette petite mal élevée te conduira tout droit en prison, oh oui, au moins en prison. Si tu veux mon avis, tu ferais bien de la quitter tout de suite.

--Non, Lucie a raison. Pour son jeune âge, elle a déjà compris qu' il n' y a pas trente six façons pour s'enrichir. Je crois qu'elle voit le monde avec mes yeux. En fait, cela ne serait, je crois que justice. Juste un p'tit sac de liasses et nous sommes sauvés !

--Non, tu ne vas faire ça. m'a t-il crié. Je t'ai rien dit lorsque tu es allé avec Mona mais ce que tu envisages maintenant est carrément hors la loi.

--Parce que tu crois que tous ces riches eux sont conformes à la loi ? Et conforme à la loi c'est de se crever du matin au soir pour survivre, c' est ça ? Il n' y a pas de miracle Georges, si on n'est pas né riche, on ne peut devenir que par des actions malhonnêtes. Je tiens moi aussi à avoir une vie confortable et je ferai tout pour ça.

--Non,   pas de cette façon ? Je te conseille de travailler comme tout le monde .

--Tout le monde donne des conseils,   des conseils gratuits !   C' est maintenant que j' ai besoin d'argent, pas quand je serai vieux.

--Je ne te laisserai pas faire ça. Tu vas m'écouter diable   pour une fois oui ? m' a t-il crié. Tu m'avais bien supplié de te faire venir travailler dans une grande ville, et cela s' est fait dans des conditions que beaucoup   d'autres   auraient souhaités : du travail dès le lendemain de ton arrivée, un toit, de la nourriture, de l'argent, de,

--Ça-va, ça-va… Je te remercie beaucoup, ai-je crié en levant les bras.

--L' argent ne fait pas toujours le bonheur, tu sais ?

--Ça y contribue énormément, tu peux le croire. Ne sois pas si délicat Georges. Tu ne vois pas que tu es devenu un robot ? Tu es un mort vivant. Quel est l'intérêt d'une telle vie ?

--Comme   disait mon   grand-père : « l'orange paraît plus juteuse quand on n' a pas de serviette » et que..

--Oui oui… que « l'argent prend toute sa valeur que lorsqu' il est gagné à la sueur de son front » et mon cul, oui. L'orgueil des miséreux. Je me fous des maximes dépassées elles sont inventées pour encourager les pauvres imbéciles.

--Écoute Tony, si tu fais ça, je ne veux plus te revoir. Pour moi tu n' existeras plus. Voilà, tu peux choisir.

--Eh bien…je ne t'écouterai pas Georges, désolé, dis-je en me levant pour partir.

--Fais ce que tu veux, merde. J' en ai marre

de tes conneries, tu m' entends, marre. je l' entendais crier pendant que je descendais l'escalier après avoir claqué la porte.

Après une nuit agitée, le lendemain vers dix heures je laissais Lucie seule pour rendre visite à Mona.

--Ça-va chérie ? dis-je en l'embrassant

--Tu pourrais venir me voir plus souvent quand même, les visites sont permises toute la journée, et m'amener aussi quelques fleurs pour me faire plaisir, où trains-tu toute la journée ?

--Ben..je suis avec Georges.

--Mais Georges il travaille lui.

--Non, .. il est en congés maladie. Il a aussi besoin de moi. Tu sors quand d'ici alors ?

--Ils préfèrent que je reste encore quelques jours, c'est plus prudent, disent-ils.

--Oui, je pense aussi. Chérie, pourrais-tu me donner un peu d'argent ? Je n'ai plus.

--Je t'avais laissé assez avant mon accident.

--Je l'ai prêté à Georges,   il en avait bien besoin.

--Regarde dans mon sac à main, c' est tout ce que j'ai. J'ai fouillé dans son sac…

--Il n'y a que deux cent francs.

--Il faut faire avec, je n'en ai pas d'autre.

--Chérie… si tu m'aime vraiment et que tu as confiance en moi, tu peux me dire où sont tes économies et je ne prendrai que deux cent francs de plus. Allez, montre-moi maintenant combien tu m'aime, chérie.

--Je n' ai plus d' économies mon bébé. Tout ce que j' avais je l' ai dépensé avec toi. Mais ma retraite nous permet de vivre assez bien quand même.

--Plus d' économies ? Tout ce que t'as c'est ta retraite ? Mais j' en ai rien à foutre moi de ta retraite. Je restais avec toi en espérant que j'aurais ton compte à banque ou une maison à mon nom et non pas tes rides. Tu as vraiment cru que j'étais amoureux de toi ?

--Mais Tony, tu seras l'héritier de ma maison si tu restes avec moi.

--Non merci, je crèverai avant toi. J' ai déjà gâché trop de temps avec toi. Allez, salut la vieille, dis-je et me dirige vers la porte…

--Non Tony, ne me laisse pas seule mon bébé. J'ai besoin de toi… me supplia t-elle

--Moi j' ai besoin d' argent. Je n' ai plus rien à faire avec toi. J'ai trouvé la tendre Lucie pour

coucher avec et non pas une vieille bique comme toi, vieille salope.

--Ne me laisse pas Tony. Je t'aime vraiment moi. Je ne pourrai plus vivre sans toi mon chéri, me supplia t-elle et pendant qu' elle se levait pour me retenir, elle se prit le pied dans le drap et s'étala au sol les bras tendus vers moi..

--Tony, je t'en supplie, ne me quitte pas…

Je sortis en claquant la porte la laissant à ses sanglots…

Chez Mona, Lucie était en train de se maquiller après avoir pris un bain.

--Tony c'est toi ?

—..........

--Tony... répéta t-elle en venant s'en rassurer…

--Fiche-moi la paix. ai-je dit en décrochant mes vêtements de la penderie…

--Oh là...Tu es de mauvaise humeur je vois, qu' est-ce qui se passe ?

--Il se passe que je m'en vais.

--Tu t'en vas ! Où ça ?

--En Grèce. C'est fini, c'est raté.

--Tu peux m'expliquer un peu mieux ?

--T'expliquer quoi ? C'est foutu je te dis. Cette vieille salope est fauchée. D'autres, sans doute avant moi, ont tout bouffés. J' ai perdu mon temps pour rien avec elle.

--Je m'en doutais moi qu'elle n' était pas riche. Mais on s' en fous, dans la banque il y a sûrement tout ce qu'il nous faut !

--On ne va pas braquer une banque non plus.

--Il nous faut de l'argent Tony.

--Écoute, j' ai réfléchi toute la nuit. C' est trop dangereux. Et puis, je ne veux pas perdre mon ami Georges. Il était très fâché lorsque je lui ai demandé son avis.

--Tu n'avais pas besoin de lui parler de ça.

--Je dis tout à Georges.

--C'est dommage, tu gâches tout là. Qu' est ce qu'on va devenir ?

Je la pris dans mes bras et caressais ses cheveux.

--Ma petite chérie… Je sais ce que tu ressens. Nous deux, nous sommes nés sous une mauvaise étoile, pas de chance.

--Je te jure Tony que j'aurai cet argent même si je dois faire la pute. Mais oui Tony ! Elle tapa dans ses mains comme éclairée soudainement d' une idée ! On pourrait gagner beaucoup de fric de cette façon !

--Quoi, tu veux faire la pute ?

--Oh oui. Beaucoup d' hommes voudraient coucher avec moi. J' en suis persuadée. Je ramasserai beaucoup d'argent !

--Ma petite chérie, tu es vraiment déterminée, hein ?

--Oh oui, et nous allons faire ça ensemble.

--Quoi, je vais faire le maquereau ?

--La seule chose que je te demande, c est de me protéger quand il y aura un problème avec un ivrogne ou un malade et tu auras la moitié, d'accord ? Sinon, ben… je trouverai facilement quelqu'un d'intéressé. C'est décidé.

--Ce n'est pas si simple que tu le crois ma belle. Pour faire cela il faut être discret, il faut un endroit, il faut…

--Nous allons trouver un studio pour ça, et voilà !

--Mais pour louer un studio il faut de l' argent, et moi je n'en ai plus.

--Et alors. Demain je… travaillerai pour verser un acompte !

--Ha, ha.. Tu crois vraiment que c' est faisable ?

--Sûr et certaine. J' ai une banque dans ma culotte, tu verras ! Bon, maintenant je me sauve, toi essaie de trouver un studio, me dit-elle prête à partir.

—Eh Lucie, j' ai envie d'entrer dans ta banque, dis-je et je la couchais aussitôt sur la moquette pour lui faire l'amour…

--Bon, on se reverra demain chez Georges, et surtout ne lui dit rien, il risque de s' opposer encore à notre business dit-elle avant de partir l'air décidé…

J'allumai une cigarette et restai ainsi allongé sur la moquette...Sacrée Lucie ! Elle a plus d' un tour dans son sac !

Elle a finalement raison. Si j' étais une fille j'aurais fait la même chose. Il m'est venu à l'idée de lui faire une telle proposition mais je n'aurais jamais osé. Ainsi il ne me reste qu'à trouver ce fameux studio.

Après avoir mangé ce qu' il restait de la veille, vers seize heures, je sonnais chez Georges, mais il n'était pas encore rentré . J' ai donc ouvert son studio avec le double des clefs que je gardais, et je me suis allongé sur le canapé pour l'attendre…

Je fumais ma deuxième cigarette lorsque je reconnus sa voix alors qu' il parlait tout en montant l'escalier…

--Que fais-tu là ? me dit-il sèchement.

--Je t'attendais.

--Si c'est pour m'annoncer des conneries, je ne suis pas là.

--Non non… On ne fera pas ce que je t' avais dit, ne t'inquiète pas.

--Ah bon, je préfère ça.

--Tu n'es plus fâché, tu m'aimes toujours ?

--Je te présente mon amie Françoise, me dit-il en me montrant la fille qui l'accompagnait. Lui c'est Tony.

--Mademoiselle , vous êtes ravissante ! dis-je et embrassai sa mais à la Don Quichotte. Si un jour vous en avez assez de l

--Hum, il est très galant ton ami.. !

--Oui, très ! Allez, va préparer le café toi, me dit-il et il prit Françoise par l' épaule pour s'installer sur le canapé.

--Georges, je ne veux pas vous déranger, je repasserai demain...

--Tu ne dérange pas. J' apprécie que tu m' aies écouté pour une fois et que tu n' aies pas fait une bêtise . Tu es venu pour t'excuser ?

--Pour te demander aussi de m'aider à trouver un studio.
--Ah ! Je me disais aussi...Un studio ! Pour qui ?
--Pour moi et Lucie.
--Tu n'es plus avec Mona ?
--Non, on s'est disputés. C'est fini avec elle, je t'expliquerai. Il faut que tu m' aides Georges, moi je ne sais pas où chercher.
--Mais qui va payer les loyer ? Tu ne travailles pas.
--C'est Lucie. Elle travaille, elle.
--Ah bon ! Vous allez vous mettre ensemble ?
--On s'entend bien tous les deux.
--Je connais une agence immobilière, intervient Françoise. On peut y aller, elle doit être encore ouverte.
--Auparavant, j'aimerais bien boire mon café si vous le permettez, dit Georges
Un peu plus tard, l'agent nous conduisait pour nous faire visiter un studio.
L' adresse correspondait à un vieux bâtiment dans la rue de Belleville.
Nous sommes montés par un escalier recouvert d'un tapis jusqu' au premier étage. S' arrêtant devant une porte, l'agent l'ouvrit et se mit sur le côté pour nous laisser entrer… C' était une grande pièce, avec une kitchenette et un sanitaire installé dans un coin.
--Ce n' est pas mal… dis-je en promenant mon regard à travers la pièce. Seulement...le chemin de fer qui passe à côté m'empêchera de dormir..
--Oh, après trois jours vous ne l'entendrez plus, rétorque l'agent
--Eh bien dans ce cas, je reviendrai après trois jours, lui répondis-je pour rire…
--A ce prix-là, tu ne trouveras rien d' autre, me dit Georges à l'oreille.

--D'accord mais, je n' ai pas d' argent sur moi pour verser un acompte. Est-ce que tu peux m'en prêter Georges ?

--Je me demande comment tu as pu oublier ton argent, dit-il en sortant son portefeuille…

--De toute façon, tu es chargé de mon gîte et de mon couvert, n'oublie pas…

Le lendemain soir, comme prévu, Lucie est venue me retrouver chez Georges.

--Salut les garçons, fit-elle et elle est venue pour m'embrasser.

--Tu peux embrasser aussi Georges qui nous a aidés.

--Alors, tu as pu trouver quelque chose ?

--J' y ai même couché dedans cette nuit. Il est grand et meublé ! Et cela grâce à Georges.

--Et à Françoise… ajouta Georges en levant son index.

--C' était dans son intérêt. Comme ça, elle a le champ libre pour voir son Georges toute la nuit.

--Je meurs d' envie d' aller le voir aussi ce meublé, dit Lucie

--On y va de suite, dis-je en me levant. Allez, salut Georges et merci encore

En descendant l'escalier, Lucie avait l'air exalté.

--Alors ? demandais-je

Au lieu de répondre, Lucie plongea sa main dans son sac à main et la ressort en tenant une liasse de billets !

--C'est quoi tout ça ! C'est à nous ?

--A qui veux-tu ? En une journée ! Tu te rends-compte ?

--Mais comment tu fais ? Ça représente beauc- oup d' hommes tout ça !

--Des cochons plutôt oui. Eh bien, c' est très simple. Il me suffit de sourire timidement à quelqu'un pour qu'il devienne collant.

--C'est quelque chose d'être jeune et belle !

--Alors, je joue la fille malheureuse, et il me propose de décrocher la lune pour me faire plaisir. Je lui dit que c' est à cause de ma grand-mère malade qu'elle a bien besoin de cinq cent francs pour acheter   ses   médicaments, tu comprends ?

--Tu es une sacrée comédienne et une bonne salope mais je t'adore !

--Un gros noir, l'ambassadeur du Togo ou Congo il m'a filé mille balles ! J' ai à nouveau rendez-vous demain à dix sept heures au même endroit

--Oh le con !   Allez viens, c'est par ici le studio à dix minutes à pied.

--On arrête un taxi, je suis fatiguée et je crois même enceinte.

--Enceinte ! De qui ?

--Ben, de toi voyons.

--C'est vrai ?

--Dans quelques jours je serai formelle.

--C'est là. dis-je au chauffeur de taxi que nous avons pris et il se met de côté pour nous faire descendre…

Nous sommes montés à l'étage, j' ai ouvert la porte et la laissé entrer l' accompagnant d' une révérence…

--Mais c' est super !   dit-elle en   regardant la pièce sous tous ses angles.

--Je suis content que cela te plaise. Allez, viens maintenant t' asseoir pour compter l' argent !

--Penses-tu, je l'ai déjà compté trois fois. Il y a 9.000 francs !

--9.000 francs en une journée ! Je rêve ! Cela fait huit mois de salaires à l'usine !   C'est à dire... 270.000francs par mois ! Oh là là... t'imagines ? Après six mois, nous aurions... plus de 800.000 francs chacun ! Tu te rends-compte ma p'tite chérie adoré, ma poule aux œufs d'or !

Je l'embrassais plein de fougue…

--Eh bien, avec autant de fric, je pourrais faire sortir non seulement mon père de prison mais tous les prisonniers, dit-elle en riant..

--Il me vient une idée Lucie ! Pour gagner du temps et encore plus d' argent, on va faire un truc !

--Quel truc ?

--Moi je serais dans le café d'en face près des vitres et le jour où tu trouveras une « grosse huile », en passant devant moi tu me feras un signe.
--Et alors ?
--Alors, au moment crucial, je rentrerais et le menacerais pour avoir couché avec ma femme, ou bien, une somme d'argent m' aiderait à oublier ce qui s'est passé, tu comprends ?
--Il ne faut pas exagérer. Non non, tu risques de tout gâcher comme ça.
--C'est comme tu veux, je ne te force pas. Maintenant viens essayer ce lit pour voir s' il est
assez solide pour supporter tous ces crétins obsédés…
Le lendemain matin, en me réveillant, j'allumais une cigarette et comme chaque fois que je suis content, je me mis à faire des cercles avec la fumée…Quelle fille courageuse cette Lucie ! Elle doit beaucoup aimer son père pour faire ce qu'elle fait, heureusement pour moi d' ailleurs. Grâce à elle j'aurai quand même cet argent tant désiré ! Ceux qui veulent réussir trouvent les moyens, les autres les excuses. Moi je ne cherche pas à devenir milliardaire, non, juste de quoi m' offrir une vie confortable, « pan métron ariston » avait dit un vrai sage grec !
« le juste milieu ». J'ai toujours dit que c'était la meilleure devise qui existe et valable pour tout. Vivre enfin une vie sans soucis matériel, sans la peur du lendemain, une vie de perpétuelles vacances !
Peu après, je descendis pour m' installer derrière les vitres dans le café. D' ici je pouvais surveiller tout le monde. !
Lorsque le barman qui faisait office de serveur apporta ma consommation, je lui ai demandé de pouvoir rester toute la journée pour écrire ma biographie et il m' assura que cela ne posait pas de problème.
Je buvais mon café quand je vu passer Lucie devant moi accompagnée d' un homme et s'éclipsa aussitôt dans l'immeuble.
L' homme n' avait pas l'air d'être une personn-

alité mais plutôt un pauvre type qui voulait « tirer un coup » matinal. Ça se voit de loin les gens qui ont du pognon. Celui-ci était habillé d'un blouson de cuir usé et d'un jean râpé. Il est vrai que l' on dit l' habit ne fait pas le moine, mais je suis sceptique.

J' imaginais l' homme se déshabiller… Lucie nue en attente sur le lit. Le type s' allonger sur elle… Je le voyais la caresser, commençant sans doute par les seins… ses mains descendant jusqu'à ses cuisses..puis bien excité, la pénétrer.

S'est il lavé auparavant ? Il s'en fiche pas mal le cochon. Il faut que je dise cela à Lucie, qu' il l'oblige à se laver.

Le revoilà déjà. Je le voyais passer le visage témoignant le regret.

Quelle idiotie de jeter l' argent comme du papier ordinaire pour quelques minutes de plaisird'autant plus quand on en a pas beaucoup

Peu après, j'ai aperçu Lucie qui partait à la recherche d'une nouvelle proie.

A ma montre, il était seize heures et j' avais compté dix 'clients' . Le dernier était tellement grand que je me suis demandé comment il aurait pu positionner sa tête lorsqu' il était sur elle…

Je suis monté la voir.

--Ça-va, chérie ?

--Oui, ça-va. me dit-elle en repassant du rouge sur ses lèvres..

Il ne faut pas que je perde de temps, à cette heure-ci tout le monde est dehors.

--Tu as oublié sans doute ton rendez-vous avec l'ambassadeur.

--Ah oui, merde. Bon ça-va, j' ai le temps pour y aller, elle m'embrasse pour partir à la hâte…

Lucie revenait accompagnée d'hommes jusqu' à minuit…

Quand le dernier « client » est parti, je suis monté la voir.

--Tu dois être fatiguée ma belle, ça-va pour aujourd'hui, dis-je assis près d'elle.

--Oui, je suis crevée.

--C'est vraiment le mot ! dis-je et nous avons ri tous les deux…

--J'ai faim. J' aimerais manger quelque chose.
--Viens, je pense trouver un resto encore ouvert Demain c' est dimanche et il y aura du travail !

Notre affaire était au beau fixe. ! Deux mois plus tard,   nous avions amassé plus de 600.000 francs ! Une petite fortune !
--Il n' y a plus de place chérie, sous le matelas pour tous ces billets, je vais acheter une valise aujourd'hui.
--Oui, une grosse ! Demain midi, j' ai rendez-vous avec un directeur de banque, un petit chauve et myope qui aime les fantaisies. Il m'a offert du champagne dans sa villa car sa femme est absente.
Il m'a conseillé la discrétion et il m' a filé 5.000 francs à lui seul !
--Oh le con ! Avec lui Lucie, on peut jouer les mariés et lui soutirer beaucoup d'argent !
--On va faire une connerie… Tu crois vraiment que ça peut marcher ?
--Certain. Un homme avec une telle place...C'est nous qui allons le baiser. Dis-lui juste qu' il vienne ici parce que tu n'es pas à l'aise chez lui, tu vois ?
--Bon d'accord. Alors surveille bien ce mécène. dit-elle pendant qu' on descendait pour se rendre au restaurant…
Le lendemain, le directeur était bien au rendez-vous .
Un homme de parole !
Lucie le devançait de quelques pas.
Le directeur est passé devant moi chapeau baissé et col relevé.. un homme aux abords méfiant.
J'attendis quelques minutes,puis je montai aussi à mon tour pour prêter l'oreille…
--Je vous en prie, ne me forcez pas. disait Lucie.
 Avec la meilleure volonté je ne pourrais pas faire ça…
--Fais-moi plaisir ma belle, tu veux plus d'argent, c'est ça ?
J' ai ouvert alors brusquement la porte et l'homme surpris s'est redressé comme s' il avait vu un fantôme !

--Je m' en douté salope que tu me trompais. Vous allez me le payer tous les deux, je vais vous tuer. ai-je crié furieux Lucie, toute nue, se mit devant le directeur comme pour le protéger.

--Non pierre, je vais t' expliquer. C' est de ma faute. Comme nous avons besoin d' argent, ce monsieur a accepté de nous aider et moi j'ai voulu le...remercier.

--Le remercier…   Je trouve ta façon un peu singulière. Toi mon salaud, je t' ai déjà vu quelque part… Ah oui, accompagné d'une dame sortant d'une banque. Marié en plus, ça me dégoutte. J'ai envie de te tuer ?

--Écoutez monsieur...dit'il tremblotant, Je vous en prie. Dites-moi votre problème et je suis prêt à vous aider.

-Mon problème ? Vous, vous avez certainement une maison et moi je n' arrives pas à payer les loyers de ce poulailler, tu trouves ça normal ? lui ai-je crié

--Non non, ce n'est pas normal bien sûr.

--Eh bien, j' aimerai moi aussi avoir un toit et personne ne veut m'aider. Voilà mon problème.

--Écoutez monsieur, je ne peux disposer de beaucoup d' argent sur moi, vous en doutez, mais je peux vous dépanner de 40.000 francs par chèque si cela peut …

--Vous me paraissez compréhensif, je devrais pouvoir oublier ce qu'il s'est passé avac 50.000 francs.

Le directeur fila chercher dans sa veste son carnet de chèques et son stylo doré.

--A quel ordre?

--Pardon ?

--A quel nom le chèque

--Ah oui, mettez-le au nom de ma femme madame Durant, ou plutôt non, laissez-le en blanc.

Il a rempli soigneusement le chèque vêtu dans le plus simple appareil, tandis que moi je mourais d'envie de rire en le regardant dans cette ridicule posture.

Sans perdre de temps il se rhabilla, puis souleva son chapeau en guise d'au revoir..

Aussitôt qu' il est parti, nous avons laissé exploser notre joie.. !
--Ma belle.. ! Comment pourrait-on à ne pas croire à la force du diable !
--J'avais une trouille.. !
--Tu pourrais être une excellente comédienne toi ! tu sais ?
--Toi aussi !
--Oh là là… Si ça continue comme ça, on va devenir plus riche que ce directeur, dis-je en l' étreignant et la faisant tourner comme un manège…
--Et que dirais-tu de louer un coffre à la banque de ce directeur pour qu' il veille sur son argent pour nous ? dit-elle en riant..
--Lucie c'est vrai qu' il est risqué de garder tout cet argent ici. Ça serait plus prudent de la déposer chez Georges dans la valise bien fermée, tu ne trouves pas ?
--C'est comme tu veux, je te fais confiance. Mais Georges n'est pas chez lui à cette heure-ci.
--Ça ne fait rien,   J ' ai le double des clefs.
 On va juste déposer la valise et nous irons au restaurant pour fêter notre affaire !

Le lendemain, positionné à ma place au café d'en face, je voyais Lucie arriver régulièrement avec ses proies…
Soudain, une voiture de police s'arrêta devant le bâtiment.
Était-ce pour nous ? Je sortis dès lors du café discrètement et m'en éloignai…
Au coin de l' autre bâtiment, je m' arrêtai pour observer…
Le barman s' entretenait avec un policier en lui montrant le studio… Il n' y avait pas de doute :
ce salaud nous dénonçait à la police.   Heureusement que Lucie était absente à ce moment-là !
J'ai regardé aussitôt l'heure à ma montre :16h25 Georges devait être chez lui..
En cours de route, j'essayais de me calmer et de mettre mes idées en place… Nous n' avons pas amasser la somme escompté mais à moi seul c'était suffisant pour me faire une vie agréable en Grèce ! Mais pour cela, il fallait que je

disparaisse avec la valise le plus vite possible avant que Lucie revienne pour réclamer sa part.

Heureusement que j' ai eu l' idée de laisser la valise chez Georges !

--Salut mon frère. lui dis-je l'air détaché. Je suis passé te dire bonjour. Tu vas bien ?

--Ça-va. Et toi, comment vas-tu ? Ça roule mieux avec ta p'tite jeune ?

--Oui, très bien ! Elle a besoin de vêtements et je vais lui amener sa valise, comme ça elle choisira ce qu'elle veut.

--Je me demandais ce que faisait là cette valise. Pourquoi l'avez-vous laissée ici ?

--Ben... hier nous avons fait des achats par ici, et nous avons voulu aller ensuite au cinéma, tu comprends ?

--Ah bon, je me disais aussi..

--Je t'embête avec mes histoires, hein ?

--Ah ça, oui alors !

--Je ne t'embêterai plus pour longtemps.

--Je l'espère..

--A bientôt Georges, et merci pour tout.

Je sortis et me suis retourné pour ajouter :

--Je t'aime plus qu'un frère Georges, et je te déteste pour une seule chose : Tu n' as jamais voulu admettre que certains gagnent beaucoup trop d'argent dans ce monde.

Je suis allé dans le premier hôtel trouvé.

Après avoir dissimulé la valise dans la chambre, la décision étant prise, je m'empressai d' aller réserver une place pour le premier vol à destin-

ation de la Grèce.

Le prochain vol pour Athènes était pour demain à 17h45 ;

Le lendemain matin, je fumais la dernière cigarette de mon paquet lorsque deux coups à la porte me firent sursauter. !

--Bonjour méssié. me dit la femme de chambre avec son fort accent. Vous sentir pas bien ? Dépassé midi…

--J' ai mal à la tête.. dis-je en clignant des paupières…
Voulez-vous m' apporter quelque chose à manger et des
cigarettes, s' il vous plaît ?
--D'accord, messié. Le cendrier pleine, vous pas beaucoup
dormir.
En effet, après une nuit interminable, j' avais l'impression
que le temps s'était arrêté.
Je suis resté allongé jusqu'à quinze heures, puis sortis valise à
la main pour dire au revoir à Georges et lui rendre sa clef.
Il n' était pas encore rentré. J' ai ouvert la porte de son studio,
j'ai mis une musique douce, et je me suis étendu sur le canapé
pour l'attendre …

C'est ici que se termine le récit de Tony.

Chapitre VII

j'ai trouvé Tony par terre gisant dans une mare de
sang à mon retour de travail.
Il respirait encore ! Je me suis précipité avec un verre
d'eau, et soulevant sa tête délicatem- ent je lui ai donné
à boire.. En suite, j' ai déboutonné sa chemise et vis qu'
apparemm- ent une balle avait traversé sa poitrine.
Dans un effort suprême accompagné d' une grimace de
douleur, il a entrouvert les yeux...
J'ai collé mon oreille à ses lèvres pour enten- dre ce qu'il
essayait de me dire...
--C'est...dommage...J'avais...presque...réussi.
--Qui a fait ça, Tony ?
Malgré sa respiration accélérée il n' arrivait pas à
s'oxygéner...
--Georges... le secret...de la paix ...c' est l' éga.
Avant qu' il ne puisse terminer sa phrase, il
s'arrêta brusquement.
--Qui a fait ça, Tony ? Tony, tu m'entends ?

ai-je crié en le secouant pour le retenir encore en vie..
J'entendis un bruit rauque causé par le sang qui l'
étouffait, puis sa tête retomba lourdem- ent de côté.
Je ne pouvais plus rien faire pour lui.

J'avalais le sanglot qui montait à ma gorge et sentis mon
estomac se nouer.
Je me redressai et restai à regarder longuement le corps de
mon ami...
Puis, comme un automate, je me suis rendu   à la cabine
téléphonique la plus proche.
--Allo...le commissariat ? Il y a un mort au 12bis rue
faubourg du temple. ai-dit et raccroché.
Avec des pas lourds comme du plomb, je suis allé m'
affaler sur la première chaise du café d'en face.
J'ai mis ma tête aux creux de mes mains pour réfléchir...
Réfléchir à quoi ? J' avais perdu mon ami et je
n'arrivais pas à le croire, ni à l'accepter, et pourtant il
était là-haut, étendu, immobile, mort !
Je ne doutais pas un instant que cette salope de Mona
soit à l' origine de ce crime. Tony m' avait dit qu' elle
conservait toujours   le pistolet de son mari, d'autant plus
qu'ils s'étai ent disputés...
L'arrivée d'une voiture de police, interrompit mes
pensées. Un homme en civil en descendit et observa le
haut de l' immeuble comme s' il avait été averti d'un
incendie.
Je me suis approché de lui..C'était un homme d'une
quarantaine d'années, plutôt petit, avec le   front
prématurément dégarni, et le regard méprisant.

--C'est moi qui vous ai appelé, monsieur...
--Langlois. Inspecteur Langlois, il se présenta en
effleurant du doigt son front. Un mort dites-vous ?
Peut-on voir le corps ?

--Venez monsieur, dis-je et je suis passé devant
tandis que celui-ci faisait signe à deux ses hommes de
nous suivre...
J' ouvris la porte de mon studio et me mis de côté pour les
laisser entrer...
--Connaissez-vous la victime ? me demanda t-il
--C' est un ami d'enfance, c'est moi qui l' ai fait venir en
France.
--Vous n'avez rien déplacé depuis. ?
--Non non. Mais je dois tout de même vous dire que
lorsque j'ai voulu entrer au retour de mon travail, le
corps de Tony m' empêchait d'entrer et j'ai dû le déplacer
un peu.
--Ah, rien d' autre ? dit-il en observant les objets dans
la pièce...
-Euh...j'ai arrêté le tourne-disque qui tournait toujours
--Quelles chansons aimait votre ami ?
--Seulement la musique douce instrumentale.
--Ah ! Vous habitiez ensemble ?
--Au début. Mais mon ami gardait toujours une double
clef.
--Qu'est-ce qu'il y a dans cette valise ?
demanda t-il en la montrant près du canapé.
--C'est la valise de mon ami, il y a des vêteme- nts dedans.
-Ouvre cette valise, Jean Luc
Le policier répondant à ce nom, posa la valise sur la table
et l'ouvrit..
A l' intérieur il y avait plusieurs liasses de billets et un
cahier.
Je ne comprenais rien ?!
--Vous ignoriez le contenu de cette valise, j'imagine,
me dit l'inspecteur
--Vous imaginez bien ! Sinon je me serais arrangé
pour qu' elle soit mieux cachée, croyez-le
--Alors, que dit la première constatation du docteur ?
demanda l' inspecteur au médecin légiste.

--Une balle lui a été tirée dans la poitrine à bout portant il y a environ une heure, le corps est encore tiède.Probablement par cette arme trouvée dans la pièce, dit-il en examinant le pistolet sous toutes ses coutures après l'avoir senti en le tenant de deux doigts avec un mouchoir comme une chose qui le dégoûtait.
--Quoi d'autre ?
--On en saura davantage après l'autopsie.
--Bien.Si vous avez terminé,on peut emmener le corps. Alors, jeune homme. fit-il en se retournant vers moi. Racontez-moi tout ce que vous savez sur votre ami. me dit-il en sortant en même temps son calepin noir et un stylo à bille pour prendre des notes.
Je lui racontais le passé tumultueux de Tony depuis son arrivée, sans lui cacher le moindre détail.
--Hum...Très actif et idéaliste votre ami... me dit-il lorsque j'eus terminé.
--Je dirais plutôt Réaliste.
--Si vous voulez.
--Je peux récupérer ce cahier dans la valise, c'est sa biographie.
--Si vous voulez.
--Je veux connaître son assassin le plus vite possible.
--Vous le saurez dès qu' on le découvrira.
--C'est une question de quelques heures, je suppose, ce pistolet appartient sûrement à cette vieille salope.
--Probablement, mais dans notre métier, avant d'accuser quelqu'un on soupçonne tout le monde. dit-il en se dirigeant vers la porte avec un regard qui ne m'a guère plu, la main encore sur la poignée de la porte il ajoute : Ne vous éloignez pas, on aura besoin de vous.

-Avint d' accuser quelqu' un, on supçonne tout li munde... je répétais en me moquant de l'inspecteur... Qu'est-ce qu' il voulait dire par là ...? Je ne pense pas qu' il me soupçonne quand même ! Pourquoi complique t-il les choses simples ? Il se prend pour

Sherlock-Holmes ? Voilà comment beaucoup d'innocents se retrouvent en prison ! Il ne sera qu'un petit
inspecteur celui-là, dès la première entrevue j'ai
compris qu'il n'était pas des plus perspicaces.

Le soir même, dans les actualités de vingt heures, j'
apprenais que madame Ricardieu
la veuve du colonel était arrêtée de meurtre et mise en
examen. Le pistolet trouvé près de la victime appartenait
à la collection de son mari. Cependant, l'affaire reste en
suspens à cause de la présence naïve de l' arme sur le lieu
du crime.
Le lendemain soir, dans les actualités, j'appr- enais que
madame Ricardieu était relâchée. La jeune Pagel Lucie
ayant été l' aide de madame Ricardieu et petite amie
du jeune
émigré, aurait pu prendre l' arme accrochée au mur, et
elle aurait pu tuer son petit ami, car la relation de ces
derniers était suspecte. La police recherche
mademoiselle Pagel accusée pour meurtre...
Ah la police... Elle ne peut emprisonner la veuve d' un
colonel. La petite Lucie est une proie plus facile.
Personne ne peut contester sa culpabilité
Non non, Lucie n' aurait pas tué Tony sans qu'elle
n'importe la valise avec l'argent, ça n'a pas de sens. Et
puis... si Mona avait un alibi, il se pourrait bien que la
police soit dans le coup. Tony avait sûrement trop
parlé au cours de son entretien avec le ministre.
On n' aime pas les contestataires...ou alors...
Ma tête tournait par manque de sommeil.
J'ai pris une aspirine et je me suis mis au lit...

Trois jours plus tard, après avoir obtenu une semaine
d'arrêt de travail, j'accompagnais le corps de Tony en
Grèce pour l' enterrer au village auprès de ses parents...

Dès mon retour à Paris, je me suis rendu directement
au commissariat...

A ma demande, ils m' ont indiqué   le bureau de
l'inspecteur Langlois.
--Bonjour monsieur l'inspecteur. Y a t-il de nouveau ?
--Savez-vous que nous avons arrêté madem- oiselle
Pagel ? Elle avait laissé l' arme du
crime près du corps pour accuser madame
Ricardieu, la maline..
--Ce n'est pas possible ! Pourquoi aurait-elle fait ça ?
--On ne sait pas encore. Peut-être un désacc-
ord entre elle et votre ami. L' argent trouvé dans la
valise a été gagné par la prostitution.
--Ah bon ! Mais dans ce cas là. Pourquoi n' a
t-elle pas emporté la valise ?
--Je pense qu'elle était gênée par quelqu' un, un voisin,
ou par vous même. Ils vont tirer cela au clair le 29
octobre, vous serez sans doute convoqué.

Le 29 octobre, peu avant neuf heures j'entrais dans la salle
d'audience...
Je ne m'attendais pas à une telle affluence du public.. !
D' un coup œil circulaire, j'aperçus l'inspec- teur discuter
avec un homme..
Lucie, dont le sort allait être décidé au cours des heures
qui allaient suivre, flanquée de deux gendarmes fut
introduite sur le banc des accusés...Dans son tailleur
marron agrémenté d'un col de castor elle était charmante !
Tant les photographes appareil au poing sont
précipités vers elle, Lucie resta les yeux apeurés
éblouis par les flashes...
Pour mieux voir, les assistants du fond de la salle s'
étaient levés... Est-ce jubilatoire de voir la peur dans les
yeux d'une femme ?
Les photographes furent repoussés hors de la salle tandis
que la Cour entrait par une porte dérobée à l'autre
extrémité de la pièce...
Il y avait un juge, le président, deux assess- eurs, un
procureur, et les jurés.

Le maillet retentit à plusieurs reprises,
l'audience allait commencer.
Le président d'un âge certain, de forte corpul- ence et au
nez proéminent, présenta l' acte d'accusation, puis fit
venir les témoins à la barre...
Il nous rappela l'importance du serment qu'on allait
prêter, et souligna que toute
déclaration contraire à la vérité était passible d'être punie
d'emprisonnement.
Le voisin du palier fut entendu en premier, déclarant
avoir vu l'accusée sortir de l'immeu
ble bien avant l'arrivée de la police.
Quand vint mon tour, je racontais une nouvelle fois
tout ce que je savais sur la vie de Tony et notamment ses
rapport avec Mona
-Monsieur Diamandis, ce dossier m' indique que sur le
peu de temps qu' il demeurait en France votre ami, avait
réussi à vivre assez... coquettement. Ressentez vous une
certaine jalousie à son égard ?
--De la jalousie ? Nous étions de vrais amis, presque
des frères, monsieur le juge. Je partageais sa joie !
--Est-ce qu' il y eu des désaccords entre vous pour des
raisons quelconque ?
-Nous avions parfois des opinions différentes sur
certaines choses, c'est tout.
--Quelles genres de choses ?
--Mon ami n'était pas fataliste. Il ne pouvait supporter
que des gens soient nés riches ou qu' ils le soient
devenus sans avoir travaillé durement pour cela, et
malgré mes conseils, il voulait devenir à tout prix comme
eux.
—Ah bon! Connaissez-vous monsieur Diamandis l' heure exacte de votre retour à votre domicile
après le travail le jour du crime ?
Le murmure des assistants donna l'impress-ion que la
salle était envahie de bourdons, mais les coups secs du
maillet ramenèrent le silence.

--Qu'est-ce quen cela signifie ? Je suis un témoin ou un accusé ? dis-je irrité
--Répondez à ma question, s'il vous plaît.
--Je vais vous décevoir, monsieur le juge .
 A l'heure du crime j'étais dans le métro.
 A la maison je ne rentre pas avant quinze heures quarante.
--Votre ami n'était pas mort sur le coup.
A votre arrivée il vivait encore et il pouvait être sauvé si vous aviez appelé aussitôt les
secours et en pointant son index vers moi me dit : mais vous n'avez rien fait .
--S'il y avait le moindre espoir je l'aurais fait, croyez-le. Je ne pouvais...
--Vous pouvez regagner votre place. il m'inte-
rrompit, puis il fit appel à l'accusée.
Depuis le long procès de son père qu'elle a vécu sans doute de près, Lucie ne cachait pas son dégoût de tous ces protocoles presque religieux d'un procès, et ce jeu« question-réponse » réponse toujours douteuse, ou ce fameux 'je jure de dire toute la vérité' serment qui ne compte pas trop, elle regardait droit devant elle obligée de subir le questionnaire.
        --Mademoiselle Pagel, reprit le juge, reconn-
aissez-vous avoir tué monsieur Pavlidis Tony
--Non, je ne l'ai pas tué.
--Évidemment. Dans ma longue carrière, je n'ai jamais entendu une réponse différente de celle-ci sur une telle question, mais le règlement est formel, nous devons débuter par cette question.Reconnaissez-vous néanmoins cette arme trouvé près du corps ? dit-il en montrant le pistolet.
--Oui, peut-être.
--Il appartient à la collection de madame Ricardieu dont vous faisiez, paraît-il, le ménage chez elle.
--Et alors ?

--Alors, il est possible que vous ayez pris cette arme pour tuer votre petit ami. Vous gardez toujours une clef de cette maison. Mais où est donc votre avocat ? demanda t-il aussitôt.

-Je n'ai pas besoin d'avocat, je suis innocente

--Clamer son innocence n' est pas une garan- tie mademoiselle, sinon vous ne seriez pas au banc des accusés, et je vous rappelle que vous êtes fille de prisonnier..

--Et si mon père était un magistrat, aurai-je été innocente ?

Dans la salle on riait... J'aperçus l'inspecteur étouffer son rire..

--Vous n'êtes pas aussi naïve que vous voulez nous le faire croire, dit le juge avec calme.

Mademoiselle Page, pourriez-vous nous dire ce que vous faisiez ce jour-là dans l'immeuble où se trouvait la victime ? le témoin vous

--Je suis allé voir Tony pour lui dire que nous pourrions nous cacher chez ma grand-mère, et lui dire aussi que j'attendais un enfant de lui. La mort de Tony je l' ai appris en même temps que vous.

--Allons allons, mademoiselle. Vous avez tué votre ami parce qu' il ne voulait sans doute pas partager l' argent que vous avez gagné d'une manière...il faut bien le dire ..singulière

Voilà la vérité.

--Et j' aurais laissé tout ce pognon sur place juste pour vous emmerder ?

Il a fallu plusieurs coups de maillet pour ramener le calme.

--Vous ne pensez qu'à vous venger.Justement vous avez laissé l'arme et l' argent sur le lieu pour accuser madame Ricardieu. Voilà made- moiselle la vérité. Avez vous encore quelque chose à ajouter avant le verdict ?

--Non, j'ai dit tout ce que j'avais à dire.

--Bien. L' audience est suspendue pour une heure. dit
le président et frappa un coup sec avec son maillet.
Je fumais une cigarette sur le parvis lorsque
l'inspecteur Langlois s'approcha de moi.
--Alors mon ami, fit-il
--Bonjour inspecteur.
--Que pensez-vous de Lucie ? me dit-il en allumant sa
cigarette.   – Je pense qu'elle est
innocente, ou alors c'est une bonne comédienne !
--J'allais vous le dire. En tout cas, je pense qu'elle en
aura pour quelques années ...
--Ça serait bien dommage car je commençais à apprécier
cette fille.
--Ah bon, moi aussi ! Elle est vraiment charmante !
Ce n'est pas un plaisir d'envoyer en prison cette fille et
surtout dans son état de grossesse, mais que faire. Il fallait
réfléchir avant.
--Oui, bien sûr... dis-je après avoir tiré une grande
bouffée et fis sortir la fumée des joues gonflées..
A la reprise de l'audience, le verdict avait été rendu : Le
président relut l'acte d'accusation et prononça la
sentence : Quinze ans d'empri-
sonnement dont cinq ans avec sursis compte tenu de son
état de grossesse, pour assassinat avec préméditation.
--Nooon ... la voix de Lucie déchira le silence.
Je n' ai pas tué Tony, bande de cons. C' est vous qui
l'avez supprimé parce qu' il avait les couilles pour vous
dire en face ce qui ne va pas dans vos systèmes pourris
de privilèges capitalistes, de bureaucrates de merde,
d'intellos de mon cul...
Deux gendarmes sont arrivés aussitôt près d'elle pour
l'emmener...
La justice avait tranché, la salle s'est vidée...
Lucie était en détention provisoire lorsqu'une
semaine après l' inspecteur lui rend visite.
--Bonjour Lucie. Je suis l'inspecteur Langlois vous vous
souvenez de moi ?

--Vous osez venir me voir ? Allez vous en, je ne veux voir personne.
--Je n'ai pas eu d'autre choix que de vous arrêter.
--C'est n'est pas moi qui ai tué Tony, combien de fois il vous faut le répéter ? C'est une erreur judiciaire je vous dit. Si vous ne me croyez pas allez au diable vous et toute votre justice.
--Je voudrais vous aider mademoiselle, croyez-le.
--C'est un peu tard, monsieur l'inspecteur.
--Il n'est pas trop tard. Si j'apporte des preuves de votre innocence, je ferais appel pour réviser le procès.
--Pourquoi vous intéressez encore à moi ?
L'affaire est close et tout le monde content et satisfait !
--Pas ma fille. J'ai une fille de votre âge, c'est elle qui m' a demandé de poursuivre mon enquête.
--Votre fille ! Et pourquoi ?
Elle dit qu'une fille de vos âges tue rarement le père du premier enfant qu'elle attend.
--Et bien... vous avez une fille intelligente inspecteur.
--Merci. Si seulement vous pouviez m'aider.
Souvent un petit détail fait la différence.
--Désolé. J'ai dit tout ce que je savais. Si vous voulez faire quelque chose pour moi, placez ma mamie dans une maison de repos.
--J'espère que cela ne sera pas nécessaire, dit l'inspecteur en se dirigeant vers la sortie...
--Inspecteur...
--Oui Lucie ?
--Une question m'a préoccupée durant cette semaine. Pourquoi la vieille avait prit pour tuer une arme de collection et non pas celle qui se trouve dans un tiroir ?
--Comment connaissez-vous l'existence d'une arme dans un tiroir ?
--Je l'avais découverte au hasard, quand je travaillais chez elle, mais je n'osais pas le dire. Mais maintenant je n'en ai plus rien à foutre.

--Eh bien, vous voyez ? Je vous ai demandé un petit détail et vous m'avez donné un gros ! affirma l'inspecteur avant de la quitter...

Trois jours après, l'inspecteur retourne voir Lucie.
-Mademoiselle Lucie, j'ai de bonnes nouvelles
pour vous. On a arrêté madame Ricardieu.
--Pour la relâcher dans deux heures ?
--Non non, cette fois-ci pour de bon. Vous êtes libre !
On viendra vous le confirmer.
Je file maintenant, je suis pressé.
A seize heures, pendant que je préparais mon café, (une habitude prise dès que je rentre à la
maison après une journée fatigante à l'usine),
l'inspecteur vint me rendre visite.
--Bonjour mon ami. Je suis venu vous dire que j'ai arrêté la vraie coupable !
--La vraie coupable ?
--Madame Ricardieu. On l'a arrêté ce matin, c'est elle la meurtrière, elle a avoué.
--Ah, je préfère ça ! Et je ne suis pas étonné. Dès le début je pensais que c'était elle et je vous l'avais dit, vous vous souvenez ?
--Oui, en effet
--Voulez-vous un café ?
--Volontiers.
 Je sortis mon paquet de cigarettes et le tendis vers l'inspecteur..
--Non merci, je préfère mes blondes.
--J'espère vraiment que vous tenez le vrai coupable cette fois-ci.
Elle avait bien échafaudé son plan la p'tite dame. dit-il après avoir allumé une cigarette.
Lorsqu'elle est sortie de l'hôpital, la première chose qu' elle voulait faire c'était de se venger de votre ami de l' avoir laissé tomber pour partir avec la jeune Lucie.
Elle s'est donc emparée des deux pistolets, celui de la

collec- tion et celui qu'elle gardait dans un tiroir, avec
la ferme intention d'éliminer l'homme qu'elle a
beaucoup aimé et qu'il avait trahi.

--Pourquoi les deux pistolets ?

--Parce que celui de la collection ne fonction- nait plus
mais il avait les empreintes de Lucie la ménagère, tu
comprends ? Pardon, vous comprenez ?

--Ah oui, je comprends.

--Elle a donc tué votre ami, et a laissé dans la pièce celui
de la collection pour accuser Lucie
Et écoutez ça ! En prenant soin au préalable de brûler
un peu de poudre dans le canon.

--Pourquoi ça ?

--Parce qu'elle sait elle que la police sent toujours le
canon d'une arme à feu trouvée sur le lieu, pour nous
faire croire que c'était bien l'arme du crime. On a trouvé
la douille vide dans la poubelle.

--Dis donc ! Elle avait tout anticipé dites.

--Presque tout. Heureusement que Lucie avait
connaissance de l'existence de ce
fameux pistolet dans le tiroir, et m'y faisant allusion, j'ai
pu par la suite rapidement constater que celui de la
collection n'était plus fonctionnel.

--Heureusement ! Où se trouve maintenant cette salope ?

--Encore au commissariat.

--Je peux la voir ?

--Si vous y tenez... Mais pour dix minutes seulement,
avant que l'on ne l'emmène à la centrale.

Au commissariat la salle était comble de personnes
qui venaient pour déposer plainte et de ceux qui les
provoquaient.

--C'est un drôle de métier que le vôtre. ! dis-je en
traversant la salle à côté de l'inspecteur.

--Tous les jours c'est pareil. Le jour où il n'y a pas de
plainte on a l'impression que ce jour sort de l'ordinaire.

A l'autre bout du couloir, on s'est arrêtés devant la
lourde porte de la cellule. Au signe de l'inspecteur, le
policier de garde a ouvert la porte et nous a laissé entrer...
Avec un air désespéré, Mona était assise sur un lit peu
confortable. Des cernes autour de ses yeux montraient
qu'elle avait beaucoup souffert ces derniers temps.
Elle a soulevé la tête lentement et m'a fixé avec un
regard qui donnait l'impression de ne pas me
reconnaître.
--Pourquoi Mona ? dis-je
Pendant quelques secondes je n'eus pour réponse que
son silence.
--Parce que je l'aimais trop. finit-elle par dire sans que son
regard ne change d'expression.
--Voulez-vous nous expliquer ce qui s'est passé ?
Elle fit un geste embarrassée.
--Ce jour-là, je suis arrivée chez vous vers quinze
heures, commença t-elle à dire d'une voix cassée. J'ai
sonné mais il n y avait personne. Je me suis alors
caché quelques marches plus haut pour l'attendre...
Peu après, j'aperçus cette petite garce qu'après avoir
sonné plusieurs fois, s'est entret-
enue avec le voisin du palier, puis repartir. Cela
tombait bien qu'elle soit venue à cette heure-ci et soit
vue par un voisin ! Quelques minutes plus tard, j'ai
reconnu les pas de Tony qui montait l'escalier... Je l'ai
laissé entrer, et la minute d'après j'ai sonné à la porte.
--C'est toi Georges ? a t-il dit et il s'est précipité
pour ouvrir...
Mona s'est arrêtée un instant de parler pour essuyer
une larme qui débordait, avec le revers de sa main..
Lorsqu'il m'aperçut pistolet à la main, j'ai vu sur son
visage l'étonnement.
--Mais qu'est-ce que... a t-il voulu dire.
C'est à ce moment que j'ai appuyé sur la détente.
Je suis restée ainsi immobile...calme... Je ne pensais à
rien, je ne pouvais penser. Seuls mes yeux suivaient son

corps qui s' affaissait malgré ses efforts pour rester
debout accroché à la porte...
Elle s' est arrêtée de nouveau pour chercher un mouchoir
dans son sac à main...
J'ai laissé l' autre pistolet à l' intérieur pour accuser
Lucie avec ses empreintes, car j'aurai bien aimé voir cette
garce en prison, puis telle une droguée j'ai descendu
l'escalier..
--Mais Mona...pourquoi ne pas l' avoir laisser le temps de
s'expliquer ?
--S'expliquer ? elle hocha la tête. Oh mais, il s' est
expliqué quand il est venu me voir à l'hôpital. Il a été
on ne peut plus clair ! Il m'a dit qu'il restait avec moi pour
de l'argent. Dès qu'il a appris que je n'avais plus, il m'a
quitté pour une jeune. Je voulais qu'il soit à moi et à
personne d'autre . Il avait tout ce qu' il voulait,
pourquoi?Je l'aimais trop pour lui pardonner. Oh mon
Dieu, mon Dieu,
comment suis-je tombé si bas ?
Avec de la souffrance dans sa voix, elle s'est arrêtée pour
essuyer ses yeux...
Laissez-moi maintenant, je suis fatiguée.
Deux gendarmes sont arrivés pour l'emmener
On l' a regardait s' éloigner entre les deux hommes
sans se retourner... d'un pas sûr...
comme si elle ne regrettait aucunement ce qu'elle avait
fait...
--Eh oui...son père lui avait dit : «Le sexe crée des
problèmes »
--Pardon ?
--Monsieur l'inspecteur, après tout, ce monde ne lui
plaisait pas.

....

L'été suivant, j'ai pris mes vacances en Grèce.
Sur la place du village, tous me souhaitent la
bienvenue...« Georges le Parisien » c'est ainsi qu'ils
m'appellent.
Cet été je suis venu au village surtout pour déposer
quelques nouvelles fleurs sur la tombe de Tony et
repasser de la peinture fraîche sur les lettres délavées
        « Pavlidis Tony   1940 -1970 »

Là devant sa tombe, les souvenirs défilaient dans ma
mémoire comme si c'était hier.....
Une main posée sur mon épaule, me fit revenir à la
réalité.
--Tu l'aimais bien ton ami, hein ? me dit
Alekos
--Oui, je l' aimais beaucoup, et pour garder son enfant
avec moi, j' ai décidé de vivre avec sa mère. Elle
aurait voulu m' accompa- gner, mais le bébé est encore
trop petit pour un tel voyage, et la grand-mère trop
âgée pour le garder. Nous reviendrons tous
ensemble un été prochain, quand il sera un grand
garçon !!
fin
            Epilogos

Aujourd'hui   Tony aurait posé cette question aux jeunes
villageois qui rêvent de la ville :
--Qu'est-ce qui te donne l'envie d'aller vivre dans une
ville ?
--Ben...pour dire que je vis dans une ville ! Le grand
choix de nanas ! L'anonymat ! Les maisons hautes! Les
avenues ! Les grands magasins ..!
--Non, n' y vas pas. Rien de tout cela n'est à toi.

--Je sais mais, j'ai un peu honte d'être un paysan, je me
sens déprimé. Je ne peux pas faire grand-chose ici, je me
sens enfermé. Je veux voir autre chose, vivre plus
intensément, gagner beaucoup d'argent !
--Hum... Tu penses comme moi je pensais, mais
aujourd'hui je peux définir ce qu'un homme
heureux : C'est le paysan qui a sa terre pour cultiver,
qui retrouve sa femme à la maison,
l'odeur de la cuisine, son enfant au jardin !
Si tu as cela, alors sois heureux, ne demande pas plus ce
serait de trop.
Tony aurait pu encore ajouter :
--Je n'ai été vraiment malheureux que lorsque j'ai
découvert la « civilisation » en ville.
Aie comme devise : « Le juste milieu » dans tous les
domaines. !

Georges Diamandis

Le Réaliste
le secret de la paix

Parutions première en France

Le contenu de ce livre intéressant
et agréable est inspiré de faits réels
(l'aventure de mon ami à laquelle j'ai assisté de
près) moi même Diamandis
ai fait la traduction en français et je tiens à vous la
faire connaître car vous
la trouverez peu ordinaire.
Régalez-vous !